この本の特色としくみ

　本書は，中学歴史の内容を3段階のレベルに分け，それらをステップ式で学習できるようにした問題集です。各単元は，Step1（基本問題）とStep2（標準問題）の順になっていて，章の節目や章末にはStep3（実力問題）があります。

⊙ 重要点をつかもう
各単元の重要項目を簡潔にまとめています。まずはこれを読んで理解しましょう。

年表チェック⚡
年表や写真を用いた空所補充問題を設けています。

記述式の問題には「📝記述」のマークを入れています。

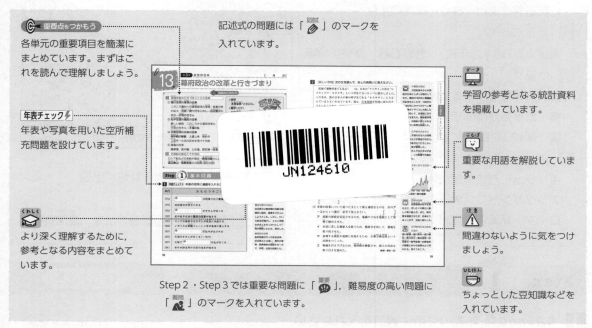

📺データ
学習の参考となる統計資料を掲載しています。

💬ことば
重要な用語を解説しています。

くわしく🎓
より深く理解するために，参考となる内容をまとめています。

Step2・Step3では重要な問題に「👑重要」，難易度の高い問題に「🧑‍🏫難問」のマークを入れています。

⚠️注意
間違わないように気をつけましょう。

☕ひと休み
ちょっとした豆知識などを入れています。

もくじ

💻 本書に関する最新情報は，小社ホームページにある本書の「サポート情報」をご覧ください。（開設していない場合もございます。）
なお，この本の内容についての責任は小社にあり，内容に関するご質問は直接小社におよせください。

1 人類の誕生と文明のおこり

🎯 重要点をつかもう

1 旧石器時代
打製石器の使用　狩り・採集の生活

2 新石器時代
海面上昇(約1万年前)　磨製石器　農耕・牧畜

3 中国文明
黄河流域など　甲骨文字(漢字のもと)
秦…始皇帝が中国統一　万里の長城　単位統一
漢…儒教(儒学)の政治　シルクロード(絹の道)

4 ギリシャ・ローマの文明
ギリシャ…都市国家(ポリス)の成立　民主政
アレクサンドロス大王の遠征→ヘレニズム文化
ローマ…紀元前1世紀には地中海沿岸を支配

▲古代の文明

5 縄文時代
縄文土器　竪穴住居　貝塚　土偶

6 弥生時代
弥生土器　稲作・金属器の伝来　高床倉庫

Step 1 基本問題

解答▶別冊1ページ

1 年表チェック⚡ 年表の空所に適語を入れなさい。

年　代	お　も　な　で　き　ご　と
約700万年前	アフリカで化石が発見された最古の人類 ❶　　　　　　　　が出現
約1万年前	**旧石器時代**から**新石器時代**へ 海水面が上がり，日本列島ができる
紀元前3000年 ごろ	**チグリス川・ユーフラテス川**流域に❷　　　　　　　文明 **ナイル川**流域に❸　　　　　　　文明がおこる
前2600年ごろ	インダス川流域にインダス文明がおこる
前1600年ごろ	中国文明がおこる
前6世紀ごろ	インドで❹　　　　　　　教がおこる 中国で儒教(儒学)がおこる
前4世紀ごろ	縄文文化から❺　　　　　　　文化へ
前4年ごろ	イエスが生まれる

Guide

⚠注意 人類の出現と進化
サヘラントロプス
=チャデンシス・北京原人・クロマニョン人をおぼえよう。

🎓くわしく 4つの文明
大河の流域で発達
エジプト文明…ナイル川，ピラミッド，象形文字
メソポタミア文明…チグリス川・ユーフラテス川，くさび形文字，ハンムラビ法典
インダス文明…インダス川，モヘンジョ=ダロ
中国文明…黄河，甲骨文字

🎓くわしく 儒教(儒学)
中国で孔子が紀元前6〜紀元前5世紀ごろに説いた教え。人々や国家の道徳の大切さを説いた。この教えを研究する学問を儒学という(例:朱子学など)。

2 [縄文時代・弥生時代] 資料をみて，各問いに答えなさい。

(1) 資料の金属器を何というか，答え
なさい。　　　　資料
　　　[　　　　　　　　]

(2) 資料には，この金属器が使われて
いた時代の生活の様子が表されて
いる。縄文時代と比較して，この
時代におこった変化に関して述べ
た次の文の（　）にあてはまることばを答えなさい。
「狩猟採集中心の生活から，（　　　）中心の生活へ変わった。」
　　　　　　　　　　　　　[　　　　　　　　　　　　　]

(3) 資料が使用されていた時代のようすとして適切なものを，次の
ア〜エから１つ選び，記号で答えなさい。　　[　　　　　]
　ア　大陸からの渡来人が，漢字や仏教など多くの文化や進んだ
　　　技術を日本に伝えた。
　イ　ムラどうしの争いで小国が誕生し，中国に使いを送って金
　　　印を授かる国もあらわれた。
　ウ　日本は大陸と陸続きであったため，ナウマンゾウなどの大
　　　型動物が生息していた。
　エ　土器がつくられはじめ，その表面に縄目などの文様がつけ
　　　られたものが多く使用された。

(4) 縄文時代と最も関係の深いものを，次の**ア〜エ**から１つ選び，
記号で答えなさい。　　　　　　　　　　　　　[　　　　　]
　ア　岩宿遺跡　　　　　**イ**　オオツノジカ
　ウ　三内丸山遺跡　　　**エ**　吉野ヶ里遺跡　　　〔群馬・徳島−改〕

3　[古代諸文明] 次の文の{　}の中で，適当な語句をそれぞれ１つ
ずつ選び，記号で答えなさい。

(1) インドでは，紀元前６世紀ごろにシャカ（釈迦）が A {**ア** ヒンド
ゥー教　**イ** キリスト教　**ウ** 仏教}を開き，きびしい身分制度
の B {**ア** カースト　**イ** 帝国　**ウ** 封建}制度を批判した。

(2) 中国では，紀元前 A {**ア** ９世紀　**イ** ６世紀　**ウ** ３世紀}に
B {**ア** 周　**イ** 秦　**ウ** 漢}の始皇帝が，北方の遊牧民族の侵入
を防ぐために万里の長城を修築した。

くわしく　**縄文土器と弥生土器**
縄文土器は縄などで文様がつ
けられている。弥生土器は縄
文土器より薄くてじょうぶな
のが特徴。

注意　縄文時代と弥生時代
の違いはよく問われ
るので，しっかり区別してお
こう。

くわしく　**弥生時代**
中国や朝鮮からやっ
てきた人々（渡来人）によって，
稲作や青銅器・鉄器が日本に
伝わった。鉄器は武器として
も使われ，青銅器は銅鐸など
のまつりの道具として使われ
た。

ことば　**石包丁**
稲を収穫するとき
に使われた道具。

くわしく　**中国の国家**
殷→周→春秋・戦国時代→秦
→漢
中国北部の黄河地域に定住し
た民族を漢民族という。
漢という国は儒教（儒学）の教
えに従って政治を行った。

ことば　**シルクロード**
中国からヨーロッパ
のローマ帝国に続く交通路。
中国の絹がこの道を通って運
ばれたことが，名前の由来と
なっている。

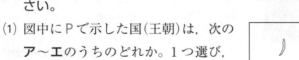

Step ② 標準問題

時間 30分 合格点 70点 得点 点

【　　月　　日】

解答▶別冊1ページ

1 [古代中国と弥生文化] 右下の略地図は，紀元前2世紀後半の東アジアを示したものである。これをみて，次の各問いに答えなさい。

(1) 図中にPで示した国(王朝)は，次のア～エのうちのどれか。1つ選び，記号で答えなさい。
　ア 殷(いん)　イ 漢
　ウ 周　　エ 秦(しん)

(2) このころ日本では，稲作(いなさく)などの新しい文化が広まっていた。この新しい文化に関係があり，このころ用いられていたものを，次のア～エの中から1つ選び，記号で答えなさい。

ア　　　イ　　　ウ　　　エ

〔香川－改〕

1 (7点×2－14点)
(1)
(2)

2 [ギリシャ・ローマの文明] 次の各問いに答えなさい。

(1) 古代のギリシャで各地に成立した都市国家のことを何というか，カタカナで答えなさい。

(2) 右の絵を見て，次の問いに答えなさい。
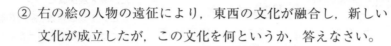
　① 右の絵の人物は，エジプト，ペルシャ，インダス川方面へ遠征したマケドニアの国王である。人物名を答えなさい。
　② 右の絵の人物の遠征により，東西の文化が融合し，新しい文化が成立したが，この文化を何というか，答えなさい。

(3) ローマが共和政から帝政に変わった時期を，次のア～エから1つ選び，記号で答えなさい。
　ア　紀元前3世紀　　イ　紀元前1世紀
　ウ　2世紀　　　　エ　4世紀

2 (5点×4－20点)
(1)
(2) ①
　　②
(3)

ワンポイント
(2) この人物の遠征は紀元前4世紀のこと。遠征の結果，②のような東西の文化の融合がおこった。

4

重要 3 [弥生時代] 次の問いに答えなさい。

(1) 図は，弥生時代の遺跡である原の
辻遺跡で復元された住居である。
地面を掘り下げて床面とし，その
上を屋根でおおった，このような
つくりの住居を何というか。

図

(2) この時代には稲作が広まっていた
と考えられている。収穫した稲な
どを保存するための建物を何とい
うか。
〔長崎－改〕

重要 4 [古代諸文明] 資料をみて，次の問いに答えなさい。

資料

```
語群
甲骨文字
くさび形文字
太陰暦
象形文字
太陽暦
モヘンジョ=ダロ
```

(1) 紀元前3000年ごろ，ナイル川流域に栄えた文明の位置を，資料
のア～エから1つ選び，記号で答えなさい。また，その文明の
名称を答えなさい。

(2) (1)の文明と関係の深い語句を語群からすべて選びなさい。

(3) ティグリス(チグリス)川，ユーフラテス川の流域で栄えた文明
の位置を，資料のア～エから1つ選び，記号で答えなさい。ま
た，その文明の名称を答えなさい。

(4) (3)の文明と関係の深い語句を語群からすべて選びなさい。

(5) 中国文明のおこった地域を，資料のア～エから1つ選び，記号
で答えなさい。

(6) 中国文明と関係の深い語句を語群からすべて選びなさい。

(7) インダス文明のおこった地域を，資料のア～エから1つ選び，
記号で答えなさい。

(8) インダス文明と関係の深い語句を語群からすべて選びなさい。
〔千葉－改〕

3 (8点×2－16点)

(1)	
(2)	

ワンポイント

(1) 弥生時代の一般的な住居
で，内部には貯蔵用の穴
があるものもある。

(2) 収穫したものを湿気やネ
ズミなどから守る工夫を
していた。

4 (5点×10－50点)

(1)	位置	
	名称	
(2)		
(3)	位置	
	名称	
(4)		
(5)		
(6)		
(7)		
(8)		

ワンポイント

(6) 漢字のもとになった文字
である。

(7) インダス川の流域に栄え
た文明である。

2 日本の成り立ちと古代国家の形成

🎯 重要点をつかもう

1 各地に小国が生まれる

「漢委奴国王」の金印　倭(日本)の奴国の王が漢(後漢)の皇帝から授けられる。

2 邪馬台国

「魏志」の倭人伝　卑弥呼

女王の卑弥呼が魏の皇帝から「親魏倭王」の称号と金印を授けられる。

3 中国と朝鮮

① 中国　南北朝→隋による統一

② 朝鮮　高句麗・百済・新羅→新羅による統一

4 古墳文化と大和政権

前方後円墳　埴輪　大王　渡来人

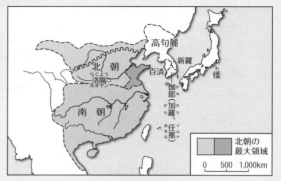

▲ 5世紀ごろの東アジア

Step 1 基本問題

解答▶別冊1ページ

1 年表チェック⚡ 年表の空所に適語を入れなさい。

年　代	お も な で き ご と
前1世紀ごろ	倭(日本)に100余りの小国があったと中国の歴史書に書かれている
3世紀	邪馬台国のことが ❶ _____ に書かれている
4世紀	巨大な ❷ _____ 墳などがつくられる**古墳文化**の時代に入る
5世紀ごろ	❸ _____ 政権の大王が中国へたびたび使いを送る
	朝鮮半島から日本に移り住んだ ❹ _____ によって大陸の進んだ技術や文化が伝えられる
6世紀半ば	百済から ❺ _____ 教・儒教が伝わる

Guide

中国の歴史書
「魏志」の倭人伝には，倭に邪馬台国という国があり，占いにすぐれた一人の女性を王としたこと，その女王の名を「卑弥呼」ということなどが記されている。

前方後円墳
強い権力をもった豪族の墓であると考えられる。「方」とは四角形という意味。

渡来人が伝えた文化・技術
渡来人によって，漢字・仏教・儒教(儒学)，土木技術や焼物・織物の技術などが伝えられたとされている。

2 [朝鮮半島と日本] 次の文を読んで，あとの各問いに答えなさい。

> 金属器をともなった朝鮮半島の農耕文化は，紀元前4世紀ごろには朝鮮半島から日本にも伝えられた。4世紀には〈 a 〉が楽浪郡を滅ぼして朝鮮半島に進出し，また，〈 b 〉と〈 c 〉が朝鮮半島の小国の統一を進めて国家を形成した。
> このころ日本では，（　　　）政権が大王を中心に全国の統一を進めていた。7世紀には，日本と関係の深かった〈 c 〉が唐と連合した〈 b 〉に滅ぼされると，日本は〈 c 〉を復興するため，朝鮮半島に軍隊を送った。

(1) （　　　）にあてはまる語句を答えなさい。　[　　　　　　　]

(2) 〈 a 〉にあてはまる国名を答えなさい。　[　　　　　　　]

(3) 〈 b 〉にあてはまる国名を答えなさい。　[　　　　　　　]

(4) 〈 c 〉にあてはまる国名を答えなさい。　[　　　　　　　]

(5) 下線部のころ，渡来人によって伝えられた，弥生土器よりもかたい土器を何というか，答えなさい。　[　　　　　　　]

3 [古墳時代の文化] 次の問いに答えなさい。

(1) 古墳時代に伝えられたと考えられるものとして最も適切なものを，次の**ア**～**エ**から1つ選び，記号で答えなさい。　[　　　　]
   ア 青銅器　**イ** 土偶　**ウ** 稲作　**エ** 漢字

(2) 右の資料は，稲荷山古墳で出土した鉄剣の一部である。この資料について，次の問いに答えなさい。

資料

獲加多支鹵 X

　① 稲荷山古墳はどこにあるか，都道府県名で答えなさい。

　　　　　　[　　　　　　　]

　② 資料中の X には，大和政権における最高権力者を示す称号が刻まれている。 X にあてはまる称号を漢字2字で答えなさい。

　　　　　　[　　　　　　　]

(3) 古墳時代に多くつくられた前方後円墳のおおよその形を，右の枠内に答えなさい。ただし，上が北を指し，西側に前方部があるものとする。　〔岡山・長崎・青雲高－改〕

北
↑

注意　漢以後の中国の移り変わり
漢→三国時代（魏・呉・蜀）→南北朝時代→隋→唐

くわしく　日本の王
大和政権の王は大王と名乗っていた。

くわしく　前方後円墳の分布
大仙古墳など多くの大型の前方後円墳が畿内に分布している。このことから，畿内に有力な豪族がいたのではないかと考えられている。

ひと休み　卑弥呼
名前の「卑」という漢字は「いやしい」と読むことからもわかるように，当時の中国の人々は日本の小国のことを見下していたのではないかともいわれている。
邪馬台国の場所は九州北部にあったとする説と大和地方（奈良県）にあったとする説が対立しており，いまだに解明されていない。

Step 2 標準問題

解答▶別冊2ページ

1 [邪馬台国] 次の文を読んで，あとの各問いに答えなさい。

1 （10点×4－40点）

> ①中国の歴史書によると，邪馬台国の女王卑弥呼が中国に使いを送り，金印と銅鏡100枚などを与えられたと記されている。この記録から，邪馬台国が小国の同盟の中心であり，②古代社会のしくみが整えられていたことがわかっている。奈良県の③纏向遺跡では，このころの大型建造物が発見され，邪馬台国との関係で注目されている。

(1)	
(2)	
(3)	古墳の名称
	葬られていた人

重要 (1) 下線部①について，このころの中国について書かれた歴史書を，次のア～エから1つ選び，記号で答えなさい。
　　ア 『後漢書』東夷伝　　イ 『魏志』倭人伝
　　ウ 『漢書』地理志　　　エ 『宋書』倭国伝

(2) 下線部②について，邪馬台国に関する次のX～Zの文が正しいか誤っているかをそれぞれ判断し，その組み合わせとして正しいものを，あとのア～カから1つ選び，記号で答えなさい。
　　X 王から奴隷までの身分があった。
　　Y 女王は神につかえ，うらないやまじないによって政治を行っていた。
　　Z 女は道で男に出会うと，後ずさりして道ばたの草の中に入るならわしだった。

	X	Y	Z
ア	正	正	誤
イ	正	誤	正
ウ	正	誤	誤
エ	誤	正	正
オ	誤	正	誤
カ	誤	誤	正

ワンポイント
(1) 卑弥呼は中国に使いを送って「親魏倭王」の称号を授けられていることから，当時の中国は魏であったことがわかる。
(2) 卑弥呼が死んだときには，奴隷100人以上がいっしょに埋葬されたとされる。

記述 (3) 右の写真は，下線部③の纏向遺跡で築かれた古墳の一つである。このような形の古墳を何というか，また，このような巨大な古墳にはどのような人が葬られていたと考えられるか，それぞれ答えなさい。

（国土地理院の空中写真）

〔西大和学園高－改〕

2 [大和政権と中国] ある史料の一部分をやさしく書き直した次の文を読んで，あとの各問いに答えなさい。

史料

> ☐☐☐は宋の順帝の昇明2年に文書をたてまつり次のように述べた。「私の国は，中国から遠いへんぴな所に国をたてていますが，昔から私の祖先は，国土を平定するために自ら甲冑を身につけて山川をこえて攻め歩き，休むひまもありませんでした。東は蝦夷を征服すること55か国……」

(1) ☐☐☐にあてはまる最も適切な語句を答えなさい。

(2) 下線部の宋の範囲は，右の地図中の**ア**か**イ**どちらですか。

記述式 (3) ☐☐☐が史料にある手紙を宋に送った目的は何か。30字以内で答えなさい。

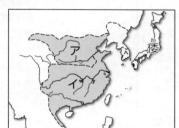

第1章 第2章 第3章 第4章 第5章

2 (10点×3－30点)

(1)
(2)
(3)

> **ワンポイント**
> (3) 当時，大和政権は朝鮮半島南部の伽耶地域(任那)の国々と結んで，高句麗や新羅と戦っていた。

重要 **3** [小国の誕生] 右の資料は志賀島で発見された金印である。次の各問いに答えなさい。

(1) これは倭の奴国の王が(　　　)の皇帝から授けられたものと考えられている。(　　　)にあてはまる，当時の中国の王朝名(国名)を答えなさい。

(2) (1)の〜〜〜部は，1世紀半ばのできごとである。そのころの人々の生活や社会のようすを述べた文として適切なものを，次の**ア**〜**エ**から1つ選び，記号で答えなさい。

   ア 人々は，表面に縄目のような文様をつけた土器をつくり始めた。

   イ 稲作がさかんになり，社会のしくみが変わり，小さな国々ができていた。

   ウ 人々は，打製石器をつけたやりを使って，マンモスなどをとらえていた。

   エ 前方後円墳をはじめとする大きな古墳がつくられるようになった。

(3) 資料の金印が発見された志賀島は，どの都道府県にあるか，答えなさい。

〔岐阜－改〕

3 (10点×3－30点)

(1)
(2)
(3)

> **ワンポイント**
> (2) 1世紀半ばなので，弥生時代の記述を選べばよい。
> (3) この金印は江戸時代に発見された。

3 聖徳太子の政治と律令国家の成立

重要点をつかもう

1 聖徳太子の政治

十七条の憲法 冠位十二階 遣隋使

2 大化の改新

蘇我氏の勢力が強くなる→**中大兄皇子**と**中臣鎌足**らが蘇我氏をほろぼし，中央集権国家をつくるための改革を始める（公地・公民）。

3 律令国家の形成（大宝律令の制定）

班田収授法…戸籍にもとづき**口分田**を与える。

税制・労役…**租・調・庸**・雑徭

地方政治…国司・郡司・里長

4 壬申の乱・平城京

壬申の乱→**天武天皇**が即位する。

平城京…唐の長安が手本

●十七条の憲法

一に曰く，和をもって貴しとなし，さからうことなきを宗とせよ。

二に曰く，あつく三宝を敬え。

三に曰く，詔をうけたまわりては必ずつつしめ。

●墾田永年私財法（743年）

開墾した田は決まった期限が来ると，公地として取り上げることになっている。その結果，農民が怠けて田が荒れてしまう。

これからは墾田を，私財とすることを認め，三世一身を論ずることなく永久に開墾した田の所有を認める。

▲主な史料

Step 1 基本問題

解答▶別冊2ページ

1 年表チェック⚡ 年表の空所に適語を入れなさい。

年代	おもなできごと
593	**聖徳太子**が推古天皇の摂政になる
603	聖徳太子が ❶＿＿＿＿ を定める
604	聖徳太子が ❷＿＿＿＿ を定める
607	❸＿＿＿＿ らを中国の隋におくる
645	❹＿＿＿＿ ，**中臣鎌足**が蘇我氏をほろぼす
663	**白村江の戦い**で日本軍が唐と新羅の連合軍に敗れる
672	❺＿＿＿＿ がおこり，翌年，天武天皇が即位する
701	❻＿＿＿＿ が制定される
710	奈良の ❼＿＿＿＿ に都が移される

Guide

くわしく 聖徳太子の政治
冠位十二階では，身分や地位によらず本人の実力によって昇進などができるようにした。十七条の憲法で仏教や儒教にもとづいて，天皇を尊ぶなど役人の守るべき道を示した。

ことば 租・調・庸
租は稲の収穫の約3％をおさめる。調はそれぞれの国の特産物を，庸は布を都までおさめに行くという決まりだった。農民には，このほかに兵役などの義務もあった。

2 [天皇と貴族の政治] 次の略年表を見て，あとの各問いに答えなさい。

年代	できごと
593	①聖徳太子が推古天皇の摂政になる
	⇕A
645	大化の改新が始まる
	⇕B
710	都を平城京に移す
	⇕C
894	遣唐使が停止される

資料

> ……□は，今後
> は自由に私有の財産
> とし，みな永久にと
> りあげないことにす
> る。……
> （「続日本紀」を一部要約）

(1) 下線部①について，聖徳太子と協力して新しい政治を進めた豪族はだれか，答えなさい。　[　　　　　　　]

(2) 略年表中A，B，Cの期間のできごとについて説明した文として適切なものを，次のア～エから1つずつ選び，記号で答えなさい。　A[　　　] B[　　　] C[　　　]
　ア　遣隋使として，小野妹子らが隋に渡る。
　イ　墾田永年私財法が出される。
　ウ　百済より仏教が伝わる。
　エ　壬申の乱で，天武天皇が勝利する。

(3) Bの期間に定められた公地・公民の原則に基づいて，6年ごとにつくられる戸籍をもとに口分田が人民に与えられる仕組みを何というか，漢字4字で答えなさい。　[　　　　　　　]

(4) 略年表中Cの期間に出された資料の□にあてはまる語句を，漢字2字で答えなさい。　[　　　　　　　]

(5) 遣隋使や遣唐使が送られたころの律令の内容をあらわしたものとして最も適切なものを，次のア～エから1つ選び，記号で答えなさい。　[　　　]
　ア　この地域を楽市とするので，座の規制や市場の租税などを免除する。
　イ　地頭は，租税を荘園領主へ納めずに，自分の手元にとどめてはいけない。
　ウ　調として納めるものは，その土地の特産物を納めるようにせよ。
　エ　株仲間の許可証は廃棄して，今後，問屋仲間などと称してはいけない。

〔山梨・宮城−改〕

くわしく　大化の改新
聖徳太子の死後，中大兄皇子と中臣鎌足らが蘇我蝦夷・入鹿親子を倒して蘇我氏をほろぼし，新しい政治をはじめた。

ことば　壬申の乱
天智天皇の死後，大海人皇子と大友皇子の間に皇位継承をめぐる争いがおきた。大海人皇子が勝利し，天武天皇として即位した。

くわしく　遣隋使
7世紀前半に日本から隋に派遣された使節。607年に小野妹子らが派遣された。この時の国書には「日出ずる処の天子，書を日没する処の天子に致す，恙無きや」と書かれていた。聖徳太子は隋と対等の立場をとろうとしたため，隋の皇帝煬帝を怒らせたとされている。隋がほろびた後は，遣唐使が派遣された。遣唐使は894年に菅原道真の進言によって停止された。

ことば　班田収授法
班田収授法により，戸籍をもとに人民は口分田を与えられた。ただし，土地と人民は天皇のものとされていた（公地・公民）ので，死ねば口分田は国に返さなければならなかった。

1 [平城京] 次の文を読んで，あとの各問いに答えなさい。

1 （8点×6－48点）

> 　（ Ａ ）年，都は飛鳥地方から，平城京に移されました。この都は，（ Ｂ ）の（ Ｃ ）にならってつくられたもので，南北に走る大きな道路で区画されており，人口約10万人の首都になりました。平城京内には，官営の（ Ｄ ）が東西に２つ置かれ，和同開珎という貨幣も使われました。

(1) （ Ａ ）にあてはまる数字として正しいものを，次のア～オから１つ選び，記号で答えなさい。

　ア　645　　イ　701　　ウ　710　　エ　743　　オ　794

(2) （ Ｂ ）にあてはまる国名を答えなさい。

(3) （ Ｃ ）にあてはまる語句として正しいものを，次のア～オから１つ選び，記号で答えなさい。

　ア　洛陽　　イ　長安　　ウ　開封
　エ　楽浪　　オ　南京

(4) （ Ｄ ）にあてはまる語句として正しいものを，次のア～カから１つ選び，記号で答えなさい。

　ア　工場　　イ　寺院　　ウ　神社　　エ　座
　オ　関所　　カ　市場

(5) 下線部の都の位置を，次の地図中のア～カから１つ選び，記号で答えなさい。

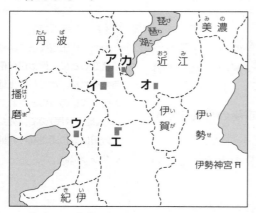

(6) 下線部に都が移されたころ，地方は多くの国に区分され，各地に役所が置かれた。このとき，中央から国々に派遣された貴族の役職を何というか，答えなさい。

〔高田高－改〕

(1)
(2)
(3)
(4)
(5)
(6)

ワンポイント

(3) 現在の西安で，当時は唐の都として栄えていた。

(6) 九州地方には大宰府，東北地方には多賀城が設けられた。

重要 **2** [聖徳太子の政治] 社会科の授業で，次の歴史の資料について調べ学習を行い，調べたことをその右の表にまとめた。資料と表を読んで，あとの各問いに答えなさい。

2 （7点×4－28点）

(1)	
(2)	
(3)	
(4)	

資料

和をとうとび，争うことのないようにせよ。あつく三宝を敬え。三宝とは，仏・法・僧である。

表

これは，飛鳥時代に ［Ⅰ］ が定めたきまりで，役人の心構えを示すことばです。この人物は，大王（天皇）中心の政治を目指す一方，中国に ［Ⅱ］ らを遣わしました。

(1) 資料は何とよばれるものか，答えなさい。

(2) ［Ⅰ］ にあてはまる人物を答えなさい。

(3) 下線部のとき，中国は何という王朝だったか，答えなさい。

(4) ［Ⅱ］ にあてはまる人物を答えなさい。　　　　　　〔新潟－改〕

3 [班田収授法と税制度] 次の各問いに答えなさい。

3 （8点×3－24点）

(1)	
(2)	
(3)	

(1) 資料1は，奈良時代の戸籍の一部である。この戸籍に基づいて口分田が与えられたのは，資料1にある6人のうち何人か，人数を答えなさい。

資料1　721年につくられた戸籍

夫	孔王部真熊	四十九歳
妻	孔王部大根売	五十一歳
男	孔王部古麻呂	十 四歳
女	孔王部佐久良売	二十九歳
女	孔王部猪売	二 十歳
女	孔王部嶋津売	三 歳

重要 (2) 資料2は，平城京跡から出土した木簡である。この木簡の内容が示す税を，漢字1字で答えなさい。

資料2

(3) 資料3は，奈良時代の税制度に関連するものである。資料3が何を示しているかの説明として最も適切なものを，次のア〜エから1つ選び，記号で答えなさい。

ア 都から近い地域ほど，都で労役を課せられる日数が多い。

イ 都から近い地域ほど，税として納める稲の収穫量が多い。

ウ 都から遠い地域ほど，特産物を運ぶ日数が多くなる。

エ 都から遠い地域ほど，兵役を課せられる年数が多くなる。

資料3

〔石川・大分－改〕

ワンポイント

(1)年齢に着目する。班田収授法では，何歳以上の男女に口分田が与えられるかを覚えておく。

(2)生蘇や荏油は地方の特産物である。

(3)都は奈良の平城京である。

【 月 日】

時間	合格点	得点
30分	70点	点

解答▶別冊2ページ

1 次のA〜Cの文を読んで，あとの各問いに答えなさい。(36点)

> A ①紀元前4世紀ころ，大陸から渡来した人々によって，稲作が九州北部に伝えられ，やがて東日本にまで広まった。稲作とともに，②青銅器や金属器も大陸から伝わった。
>
> B 中国の歴史書には，紀元前後のころ，倭には100余りの国があり，なかには中国へ使いを送る国もあったと記されている。また，1世紀の半ばには，倭の(③)国王が後漢に使いを送り，皇帝から金印を授けられた。
>
> C 聖徳太子の死後，蘇我氏が強大になり，政治を支配するようになると，④中大兄皇子と中臣鎌足が中心となって蘇我氏を倒した。これは，強大な唐や朝鮮の動きに対抗して，日本でも天皇が直接政治を行うしくみをつくり，国力の強化を目指したものである。

(1) Aの下線部①について，このころの世界のできごととして正しいものを，次のア〜エから1つ選び，記号で答えなさい。(9点)

　ア　中国の黄河流域で殷王朝がおこる。

　イ　バビロニアでハンムラビ法典が制定される。

　ウ　マケドニアのアレクサンドロス大王が東方に遠征する。

　エ　パレスチナでキリスト教が成立する。

(2) Aの下線部②について，右の資料は，銅鐸に描かれた絵を表している。この銅鐸の絵から，弥生時代の生活がわかる。当時の生活について述べた文として誤っているものを，次のア〜オから1つ選び，記号で答えなさい。(9点)

　ア　米などの食糧は高床の倉庫に貯蔵していた。

　イ　銅鐸の絵をもとに絵文字がつくられていた。

　ウ　米や穀物は臼と杵で脱穀して食べていた。

　エ　大陸から機織りの技術が伝えられた。

　オ　稲作だけでなく狩猟も行われていた。

(3) Bの(③)にあてはまる国名を，漢字1字で答えなさい。(9点)

(4) Cの下線部④について，この人物が行ったこととして正しいものを，次のア〜エから1つ選び，記号で答えなさい。(9点)

　ア　朝鮮半島の百済を再興するため，唐と新羅の連合軍と白村江で戦った。

　イ　唐の法律にならった大宝律令を制定し，律令国家の礎を築いた。

　ウ　政治の中心地として，中国にならって整然と区画された藤原京の建設を行った。

　エ　皇位をめぐる内乱である壬申の乱に勝利し，強大な国家の建設を目指した。

〔西大和学園高・洛南高-改〕

(1)	(2)	(3)	(4)

重要😊2 カードA，Bを見て，あとの各問いに答えなさい。(28点)

カードA

私は飛鳥時代の皇族です。推古天皇の摂政となり，蘇我氏と協力してさまざまな改革を行いました。私たちが仏教を広めたことにより，奈良の飛鳥地方を中心に仏教文化が栄えました。

カードB

私はカードAの人物によって中国に遣隋使として派遣され，日本の国づくりの参考にするために，中国の政治制度や仏教を学びました。

(1) カードAの人物はだれか，答えなさい。(7点)

(2) カードAの人物は，天皇を中心とする政治を目指し，家柄にとらわれず才能のある人物を役人として用いるための制度を定めた。この制度を何というか。次のア～エの中から1つ選び，記号で答えなさい。(7点)

ア 十七条の憲法　イ 班田収授法　ウ 冠位十二階　エ 御成敗式目

(3) 下線部について，カードAの人物が建てたと伝えられ，現存する世界最古の木造建築が残されている寺院の名称を答えなさい。(7点)

(4) カードBの人物は，607年に中国へ渡り，隋の煬帝に国書を手渡した。この人物はだれか，答えなさい。(7点)

〔福島－改〕

(1)		(2)	(3)	(4)	

重要😊3 ある中学校の生徒が奈良時代の土地制度や税制について調べ，次のようにまとめた。生徒が調べた内容に関連するあとの各問いに答えなさい。(36点)

古代の律令制度のもとでは，（ a ）歳になると，男女とも国家から（ b ）という田が与えられ，稲の収穫の3％を（ c ）とよばれる税として納める義務があった。

(1) （ a ）～（ c ）にあてはまる語句，または数字をそれぞれ答えなさい。(各7点)

(2) 奈良時代の土地制度について，ある法律が中国にならってつくられ，701年に施行された。天皇と貴族を中心とする朝廷が，全国を統一して支配する体制を整えるためのこの法律を何というか，答えなさい。(8点)

(3) 奈良時代には，上の資料のような税のほかに，兵役の義務も課せられた。このうち，九州北部の防衛にあたった人たちを何というか，答えなさい。(7点)

〔佐賀・宮城－改〕

(1)	a	b	c	(2)
(3)				

ヒント

1 (3)皇帝から授けられたとされる金印には，「漢委奴国王」と刻まれている。

2 (2)朝廷での位を12に分けて，色の異なる冠を授けた制度。

3 (2)唐の律令にならってつくられた。律は刑法，令は行政法のこと。

4 貴族の政治と武士のおこり

重要点をつかもう

1 桓武天皇の政治

平安京に都を移す。東北の蝦夷討伐のため，坂上田村麻呂を征夷大将軍に任命する。

2 摂関政治

藤原道長…娘を天皇のきさきにし，娘が産んだ皇子を天皇に立て勢力をのばす。天皇が幼いときに摂政の地位につく。藤原氏の全盛期をきずく。

藤原頼通…宇治に平等院鳳凰堂を建立する。

3 院政

白河上皇…天皇の位をゆずり，上皇の立場で政治を行う。

4 武士の台頭

平将門…関東で反乱。　藤原純友…西国で反乱。

平清盛…武士で初の太政大臣につく。日宋貿易を推進する。

この世をば　わが世とぞ思ふ
望月の　欠けたることも
なしと思へば

▲望月の歌（藤原道長）

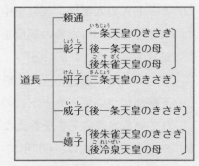

▲藤原道長の娘と天皇との関係

Step 1 基本問題

解答▶別冊3ページ

1 年表チェック⚡ 年表の空所に適語を入れなさい。

年代	おもなできごと
794	❶　　　　　　　　　が都を平安京に移す
797	坂上田村麻呂が❷　　　　　　に任命される
894	遣唐使を停止する
935	平将門の乱
939	藤原純友の乱
1000	藤原道長の娘 彰子が一条天皇のきさきになる
1016	❸　　　　　　　が摂政になる
1086	❹　　　　　　　が院政を始める
1156	保元の乱がおこる
1159	平治の乱がおこる
1167	❺　　　　　　　が太政大臣になる

Guide

くわしく
平安時代
794年に桓武天皇が平安京に都を移してから約400年間続いた。朝廷は律令国家の支配がおよばない東北地方の人々を蝦夷とよび，坂上田村麻呂を征夷大将軍に任命して彼らの制圧にあたらせた。

ことば
■平将門の乱
平将門は一族と争いをくり返すうちに国司とも対立し，関東で反乱をおこした。自ら新皇と称して東国を支配したが，平貞盛らによって討たれた。

■藤原純友の乱
朝廷から海賊討伐を命じられていたが，その海賊を率いて瀬戸内海で反乱をおこした。

2 [藤原氏の政治] 次の資料A〜Cを見て，あとの各問いに答えなさい。

> A　この世をば　わが世とぞ思ふ　望月の　欠けたることも
> なしと思へば
>
> B　　　C　

(1) 資料Aの歌は，11世紀のはじめに，ある人物が自身の栄華をほこってよんだ歌である。この歌をよんだ人物はだれか。その人物名を答えなさい。　[　　　　　　　　　]

(2) (1)の人物の一族は，Aの歌のように国の政治の権力をほぼ独占していた。彼らが行った政治の形態を何といいますか。　[　　　　　　　　　]

(3) 資料Bは，藤原氏によって11世紀の中ごろに建てられた建物である。この建物の名称を答えなさい。　[　　　　　　　　　]

(4) 資料Bの建物を建てた人物はだれか。人物名を答えなさい。　[　　　　　　　　　]

(5) 資料Cは，11世紀前後のころの東アジアの地図である。資料中のaとbの王朝名(国名)をそれぞれ答えなさい。

a[　　　　　　　] b[　　　　　　　]

〔香川−改〕

3 [平安時代] 資料Bのa〜cまでの文は，資料Aの①〜③までの各時期のできごとについて述べたものである。正しい組み合わせを，あとのア〜エから1つ選び，記号で答えなさい。　[　　　　　]

資料A

> ・平安京がひらかれる。
> 　　　↓
> ・遣唐使が停止される。　　┐①
> 　　　↓　　　　　　　　　┐②
> ・藤原道長が摂政となる。　┘
> 　　　↓　　　　　　　　　┐③
> ・平治の乱がおこる。　　　┘

資料B

> a　坂上田村麻呂が征夷大将軍に任じられ，蝦夷を平定した。
> b　尾張国の郡司や百姓が，国司の横暴を訴えた。
> c　白河上皇が実権をにぎり，院で政治を行った。

ア　①—a　②—b　③—c　　イ　①—a　②—c　③—b
ウ　①—b　②—c　③—a　　エ　①—c　②—a　③—b

〔国立工業高専−改〕

第1章
第2章
第3章
第4章
第5章

ことば　摂関政治
藤原氏は自分の娘を天皇のきさきにし，娘が産んだ皇子を天皇に立てた。その天皇が幼いときは「摂政」，大きくなってからは「関白」として政治の実権をにぎった。

くわしく　平清盛
平安時代末期，源氏と平氏は有力な武士団として勢力争いをしていた。そのようななか，実力で上回る平氏の平清盛が，武士として初めて政治の実権をにぎった。平清盛は太政大臣になり，兵庫県の大輪田泊を整備し，宋と貿易を行った。(日宋貿易)

注意　保元の乱
兄の崇徳上皇と弟の後白河天皇の対立に，摂関家の藤原頼長と藤原忠通の争いがからんで内乱となった。後白河天皇側は，源義朝・平清盛らの武士団の援護によって勝利した。保元の乱をきっかけとして，武士が政治の世界で大きな力をもつようになった。

くわしく　「尾張国郡司百姓等解文」
このタイトルの有名な史料が残っている。988年のこと。郡司や百姓が，国司の横暴を朝廷に訴えた。

Step **2** 標準問題

時間	合格点	得点
30分	70点	点

解答▶別冊 3 ページ

1 [奈良〜平安時代] 次の年表を見て，あとの各問いに答えなさい。

1（8点×4−32点）

七一〇	七四三	七九四	九三五	一〇八六
平城京遷都	墾田永年私財法	① 平安京遷都	② 平将門の乱	③ 白河上皇の院政

（1）	①
	②
	③
（2）	

(1) 年表中の空らん①〜③に入る最も適切な文を，次の**ア**〜**ウ**の中

から 1 つずつ選び，記号で答えなさい。

　ア　中国で宋(北宋)が建国された。

　イ　貴族や寺社などが付近の農民を使って私有地を広げていった。

　ウ　藤原氏が他の貴族を退け，摂政や関白の役職に任じられる

　　　人物もあらわれだした。

(2) 藤原道長の全盛期は上の年表中のどの時期か。次の**ア**〜**エ**か

ら 1 つ選び，記号で答えなさい。

　ア　①の前　　　　**イ**　①と②の間

　ウ　②と③の間　　**エ**　③の後

2 [平安時代の政治] 次の資料は，中学生が「岩手と中央の歴史

上のかかわり」というテーマで調べて作成したものである。こ

れを見て，あとの各問いに答えなさい。

2（8点×4−32点）

(1)	
(2)	
(3)	
(4)	

桓武天皇の政治	現在の奥州市を中心とする蝦夷の長であるアテルイが，東北地方に支配を広げようとする朝廷から征夷大将軍に任命された X の軍と戦った。

藤原氏の Y 政治	地方を治める Z の中に，自分の収入を増やすことに熱心なものがあらわれてきた。そのころ，北上川中上流域を支配していた安倍頼時が， Z に反抗し，前九年合戦とよばれる合戦で 源 頼義の軍と戦った。

(1) 下線部について，この時期の朝廷が政治を立て直すために行っ

たことはどれか。次の**ア**〜**エ**から 1 つ選び，記号で答えなさい。

　ア　全国の戸籍を初めてつくった。

　イ　国ごとに国分寺や国分尼寺を建てた。

ウ　現在の京都に新しい都をつくった。

エ　能力や功績によって，12段階の地位を定めた。

(2)　資料中の　X　にあてはまる人物を答えなさい。

(3)　　Y　に入る適切な語句を答えなさい。

(4)　　Z　には，国ごとに置かれて地方を治めた役職名が入る。その役職のよび名を答えなさい。

〔岩手－改〕

3 [藤原氏] 次の各問いに答えなさい。

(1)　藤原氏は，（　　）世紀前半の藤原道長とその子の頼通のころに最も栄えた。（　　）にあてはまる数字を答えなさい。

(2)　藤原道長とその子の頼通に関する次の略系図と表を見て，最も適切な説明を，あとのア～ウから1つ選び，記号で答えなさい。

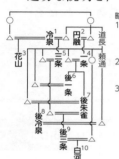

略系図の記載方法
1）おもな人物のみを示している。兄弟・姉妹の出生順は記載に反映していない。
2）太字は天皇で，数字は略系図中における即位順を示している。
3）○は男性，△は女性を示している。

	摂政 関白等	摂政・関白等の 時期の天皇
藤原道長	内覧※	一条，三条
	摂政	後一条
藤原頼通	摂政	後一条
	関白	後一条，後朱雀，後冷泉

※天皇と太政官がやり取りする文書を事前に内見する者で，関白に準じる職務とされた。

ア　藤原道長が内覧を務めていた時期の天皇は，いずれも母が道長の姉妹で，道長の娘をきさきに迎えている。

イ　後三条天皇の祖母には父が藤原氏の男性である者はいないが，後三条天皇自身は藤原道長の孫をきさきに迎え，その子が皇位を継承している。

ウ　藤原頼通が摂政や関白を務めた時期の天皇は，いずれも母が頼通の姉妹だが，頼通の娘をきさきに迎えた者はいない。

〔東京学芸大附高－改〕

重要 4 [武士の台頭] 瀬戸内海の航路や兵庫の港を整えて日宋貿易を推進した人物について，最も適切な文を，次のア～エから1つ選び，記号で答えなさい。また，この人物はだれか，答えなさい。

ア　2度の内乱を経て政治の実権をにぎり，太政大臣に就任した。

イ　自由に商工業ができるように楽市・楽座の政策を進めた。

ウ　武家政治のよりどころになる御成敗式目を制定した。

エ　天皇を退位後に，上皇として政治を動かす政治を始めた。

〔岡山－改〕

3 （9点×2－18点）

(1)	
(2)	

ワンポイント
(1) 藤原良房が藤原氏として初めて摂政に就いたのは866年，藤原道長が摂政に就いたのは1016年のことである。
(2) 道長は4人の娘をすべて天皇のきさきにしている。頼通も一人娘をきさきにしている。

4 （9点×2－18点）

記号	
人物名	

ワンポイント
この人物は，広島県にある厳島神社を信仰した。

5. 古代の文化

重要点をつかもう

1 飛鳥文化
聖徳太子のころ　仏教文化　渡来人の技術
朝鮮・中国・インド・ギリシャなどの影響

2 天平文化
聖武天皇のころ　唐風文化　仏教の影響を受けた貴族中心の文化

3 平安時代初期の文化
最澄(天台宗)・空海(真言宗)

4 国風文化
10世紀以降，摂関政治のころに栄えた。
中国の影響が薄れて日本風に。貴族的文化。

5 平安時代末期の文化
中尊寺金色堂　阿弥陀堂

飛鳥文化	〔建築〕法隆寺・四天王寺	
	〔彫刻〕釈迦三尊像・百済観音像・弥勒菩薩半跏思惟像	
	〔工芸〕玉虫厨子(法隆寺)	
天平文化	〔建築〕東大寺・正倉院・唐招提寺	
	〔彫刻〕鑑真像・阿修羅像	
	〔書物〕万葉集・日本書紀・古事記	
国風文化	〔建築〕寝殿造・平等院鳳凰堂	
	〔絵画〕大和絵	
	〔書物〕かな文字・源氏物語・枕草子	
	〔仏教〕浄土信仰	

▲各時代の文化

Step 1 基本問題

解答▶別冊3ページ

1 年表チェック⚡ 枠内の空所に適語を入れなさい。

Aは現存する世界最古の木造建築物で，世界遺産の ❶ □□□□□ である。

Bは聖武天皇の遺品が納められていた ❷ □□□□□ である。

Cは日本全国の国分寺の中心地であった，❸ □□□□□ の大仏である。

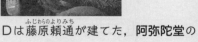

Dは藤原頼通が建てた，阿弥陀堂の ❹ □□□□□ である。

Guide

ことば 法隆寺
聖徳太子が建立。所蔵品に釈迦三尊像，百済観音像などがある。

くわしく 聖武天皇
仏教の力で国を治めようとした。そのため，都には東大寺を建て，地方には国分寺，国分尼寺という寺を建てた。また，墾田永年私財法も聖武天皇が出した法律である。

注意 正倉院の宝物
五絃琵琶，鳥毛立女屏風，白瑠璃碗など，写真問題がよく出る。

2 [奈良時代・平安時代の文化] 次の各問いに答えなさい。

(1) 奈良時代に平城京を中心に栄えた文化を何といいますか。

[　　　　　　　　]

(2) 奈良時代に完成し，天皇から防人や農民にいたるまで幅広い階層の人々の歌が収められている和歌集を何といいますか。

[　　　　　　　　]

(3) 遣唐使とともに唐に渡り，帰国後，比叡山に延暦寺を建てて天台宗を広め，のちに仏教が発展する基礎をつくった人物の名前を答えなさい。

[　　　　　　　　]

(4) 10世紀以降，日本では国風文化が形成された。この時期の代表的な作品を，次の**ア～エ**から1つ選び，記号で答えなさい。

[　　　　　　　　]

ア 『古事記』　**イ** 『日本書紀』
ウ 『風土記』　**エ** 『枕草子』　　　　　　〔岐阜-改〕

3 [天平文化・浄土信仰] 次の各問いに答えなさい。

(1) 奈良の興福寺にある阿修羅像がつくられたころ，その時代の文化に強い影響を与えたものを，次の**ア～カ**から2つ選び，記号で答えなさい。

[　　　][　　　]

ア 仏　教　　**イ** 儒　教　　**ウ** ヒンドゥー教
エ 隋の文化　**オ** 唐の文化　**カ** 宋の文化

(2) 次の文章の（ A ）に最も適する文を，あとの**ア～エ**の中から1つ選び，記号で答えなさい。

[　　　　　　　　]

> 平安時代の中ごろから社会が乱れ，人々の心に不安な気持ちが高まってくると，（ A ）これは，念仏を唱えて阿弥陀仏にすがるという教えで，そのため各地に阿弥陀堂がさかんに建てられた。藤原頼通が建てた（ B ）は阿弥陀堂の典型である。

ア まじないや祈禱の力にすがる信仰がさかんになった。
イ 自然現象に神をみる自然信仰が広まった。
ウ 法華経の力によって救いを得ようとする信仰がはじまった。
エ あの世での幸福を祈る浄土信仰がおこった。

(3) (2)の文章の（ B ）に最も適する語句を答えなさい。

[　　　　　　　　]

〔鳥取・埼玉-改〕

くわしく　天平文化
奈良時代の文化は唐の影響を強く受けた仏教文化である。

注意　正倉院
正倉院には東大寺の宝物が収められている。正倉院は柱を用いず，三角形の木材を組み合わせた校倉造という手法でつくられている。

くわしく　国風文化
平安時代には唐風の文化をふまえながらも，日本人の感情に合った文化が花開いた。かな文字が発明され，女性の文学者などが活躍した。
『源氏物語』—紫式部
『枕草子』—清少納言
『古今和歌集』—紀貫之らが編纂

ことば　阿弥陀堂
平等院の阿弥陀堂である鳳凰堂には「阿弥陀如来像」が安置されている。
中尊寺金色堂は岩手県にある阿弥陀堂で，奥州藤原氏の藤原清衡が建てたものとして知られている。奥州藤原氏は源義経をかくまったことにより，源頼朝にほろぼされた。

くわしく　浄土信仰
念仏を唱えて阿弥陀仏にすがれば，死後は極楽浄土へ生まれ変われる，と信じられた。極楽浄土とは，阿弥陀仏のいる，あらゆる苦しみのない世界とされている。

【 　月　　日】

	時間	合格点	得点
	30分	70点	点

解答▶別冊 3 ページ

1 [古代の寺院とその背景] 次の各問いにそれぞれ答えなさい。

1 （10点×3－30点）

(1)	→ 　　　 →
(2)	
(3)	

(1) 次の表は，ある生徒が見学してきた寺院についてまとめたものである。表中の見学した順番から判断して，あとの**ア〜ウ**の府県を，その生徒が訪れた順に左から右へ並びかえ，記号で答えなさい。

見学した順番	寺院などの名前	寺院などの説明	建てられた時期
1	A 金剛峯寺	空海が高野山に建てた真言宗の寺院	9世紀
2	B 法隆寺	聖徳太子が仏教を信仰して，斑鳩に建てた寺院	7世紀
3	C 東大寺	聖武天皇が国をしずめまもることを願い，建てた寺院	8世紀
4	D 平等院鳳凰堂	藤原頼通が極楽浄土に往生することを願い，建てたもの	11世紀

ア 京都府　**イ** 奈良県　**ウ** 和歌山県

ワンポイント
(1) 高野山は和歌山県にある。
(2) 真言宗・天台宗の特徴である。
(3) 藤原頼通だから摂関政治の全盛期。

(2) 山奥の寺での厳しい修行を重んじ，祈りやまじないによって災いをとり除けると説いた仏教が，平安時代の初めに貴族の間に広まった。この仏教と最も関係の深いものを，表中のA〜Dから1つ選び，記号で答えなさい。

(3) 表中のDの鳳凰堂が建てられたころの日本の政治や社会のようすにあたるものを，次の**ア〜オ**から1つ選び，記号で答えなさい。
　ア 有力な豪族が氏とよばれる集団を率い，朝廷の仕事を受け持っていた。
　イ 朝廷は墾田永年私財法を出し，新しく開墾した土地の私有を認めた。
　ウ 班田収授を12年に1回と改めたり，農民から兵士をとるのをやめたりした。
　エ 田や畑が，都に住む貴族や寺社に寄進され，荘園が増えていった。
　オ 成人男子には兵役の義務も課せられ，防人として九州北部の防衛にあたる者もいた。

〔香川－改〕

2 [奈良時代・平安時代の文化] 次のA・Bのカードを見て，あ
との各問いに答えなさい。

> A ①奈良時代に，国家
> のおこりや天皇の由来な
> どを説明する歴史書や
> ②全国の国ごとの記録が
> まとめられた。

> B 平安時代に，③使節
> とともに中国に渡った
> ④最澄と空海は，新しい
> 仏教の教えを日本に伝え
> た。

(1) 下線部①について，右の絵は，
奈良時代に建てられた東大寺の
正倉院である。ここにはだれの
遺品が納められているか。天皇
の名前を答えなさい。

(2) 下線部②について，全国の国ごとに，自然，産物，伝説などを
記録したものを何というか，漢字で答えなさい。

(3) 下線部③について，右の絵は，
中国に送られた日本の使節が使
用していた船を復元した模型で
ある。この船は（　　）船とよば
れる。（　　）にあてはまる語句
を答えなさい。

重要
(4) 下線部④について，最澄が伝えた新しい仏教の教えを何という
か。また，最澄が滋賀県の比叡山に建てた寺院を何というか，
それぞれ答えなさい。

〔岐阜・三重－改〕

重要
3 [古代の諸文化] 次の各文化にそれぞれ最も関係の深い人物と
寺社を，あとの[人物群]，[寺社群]から1人（1つ）ずつ選び，
記号で答えなさい。
(1) 飛鳥文化　　(2) 国風文化
(3) 天平文化　　(4) 平安時代初期の文化
(5) 平安時代末期の文化

[人物群]　ア 鑑真　　イ 最澄　　ウ 平清盛
　　　　　エ 聖徳太子　オ 藤原頼通
[寺社群]　a 延暦寺　　b 法隆寺　c 厳島神社
　　　　　d 唐招提寺　e 平等院鳳凰堂

---

2 （6点×5－30点）

(1)	
(2)	
(3)	
(4)	教え
	寺院

ワンポイント

(1) 仏教の力で国を守ろうとし
た天皇。このころの文化
は，天平文化と呼ばれる。
(3) 中国に派遣された使節の
名称があてはまる。
(4) 最澄は天台宗を伝えた僧。
天台宗の総本山となった
寺院を答える。

3 （4点×10－40点）

	人物	
(1)	寺社	
(2)	人物	
	寺社	
(3)	人物	
	寺社	
(4)	人物	
	寺社	
(5)	人物	
	寺社	

Step ③ 実力問題②

解答▶別冊4ページ

1 次のカードA・Bは，元号(年号)がつく歴史上のできごとについてまとめたものの一部である。これを読んで，あとの各問いに答えなさい。(40点)

> **A　大宝律令**
>
> 　唐の法律にならった大宝律令がつくられ，全国を支配するしくみが細かく定められました。律令にもとづいて政治が行われる国家を a律令国家といいます。その後，b平城京が律令国家の新しい都としてつくられました。

> **B　保元の乱**
>
> 　京都では，c院政の実権をめぐる天皇家や藤原氏の争いに源氏や d平氏などの武士が動員され，保元の乱がおこりました。このころ，東北地方では，e奥州藤原氏が金や馬などの産物や北方との交易によって栄えていました。

(1) 下線部aに関して，次のア〜エは，律令国家の成立に向け，行われたことについて述べたものである。これらのできごとを年代の古い順に並べかえ，記号で答えなさい。(8点)

　ア　全国の土地と人民を国のものとし，天皇がそれらを支配する方針を打ち出した。

　イ　都が大津宮に移され，初めて全国の戸籍がつくられた。

　ウ　中国の都にならい，碁盤の目のように区画された藤原京がつくられた。

　エ　天皇の命令に従うべきことなどを説いた十七条の憲法が定められた。

(2) 下線部bに都が置かれていた時代に関係するものとして適切なものを，右のア〜エから1つ選び，記号で答えなさい。(8点)

ア　イ　ウ　エ

記述式 (3) 下線部cとはどのような政治か。「天皇」という語句を用いて，簡潔に答えなさい。(8点)

重要 (4) 下線部dに関して，武士として初めて太政大臣になり，また日宋貿易を積極的に行った人物の名前を答えなさい。(8点)

(5) 下線部eは，中尊寺に金色堂を建てた。この寺院がある県名を答えなさい。また，その県の位置を，東北地方を示した右の地図中のア〜エから1つ選び，記号で答えなさい。(各4点)

〔和歌山-改〕

(1)		(2)	(3)	
→　　→　　→				
(4)		県名	記号	
(5)				

2 はるこさんは歴史の授業の復習として，飛鳥時代から平安時代までの各時代の特色について，人物を中心に次のようにまとめた。このまとめを読んで，あとの各問いに答えなさい。(40点)

> 飛鳥時代：①聖徳太子や中大兄皇子が，天皇中心の国づくりを目指した。
> 奈良時代：②聖武天皇は，仏教の力で国を安定させようとした。
> 平安時代：③藤原氏が政治の実権をにぎり，道長とその子頼通の時代に全盛期を迎えた。

(1) 下線部①の人物が建てた世界最古の木造建築が現存する寺を何というか，答えなさい。(8点)

(2) 下線部②の遺品も納められた東大寺にある校倉造の倉庫を何というか，答えなさい。(8点)

(3) 下線部②の人物は何世紀の人物か，答えなさい。(8点)

(4) 下線部③について，朝廷に遣唐使の停止を進言するほどの力を持ったものの，藤原氏との勢力争いに敗れ，大宰府に左遷された人物はだれか，答えなさい。(8点)

重要 記述 (5) 下線部③の藤原氏がどのようにして政治の実権をにぎったかについて，右の資料を参考にして，「摂政」，「関白」の2つの語句を用いて，簡潔に説明しなさい。(8点) 〔石川・奈良−改〕

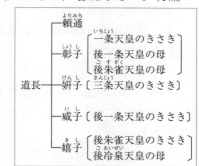

道長─┬─頼通
　　　├─彰子〔一条天皇のきさき／後一条天皇の母／後朱雀天皇の母〕
　　　├─妍子〔三条天皇のきさき〕
　　　├─威子〔後一条天皇のきさき〕
　　　└─嬉子〔後朱雀天皇のきさき／後冷泉天皇の母〕

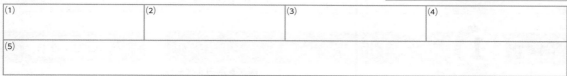

(1)	(2)	(3)	(4)

(5)			

3 古代の文化について，次の各問いに答えなさい。(20点)

(1) 右の資料1は，僧が守るべき決まり(戒律)を奈良時代の日本に伝えた中国の高僧である。この高僧はだれか，答えなさい。(5点)

(2) 右の資料2は，北九州に派遣される兵士がわが子との別れを詠んだ和歌である。この兵士を何というか，漢字2字で答えなさい。また，この和歌が載っている日本最古の和歌集を何というか，答えなさい。(各5点)

(3) 最澄が中国より天台宗を伝えた時期を，次のア～エから1つ選び，記号で答えなさい。(5点)

　ア　8世紀　　イ　9世紀　　ウ　10世紀　　エ　11世紀

資料1

資料2

から衣　すそに取りつき　泣く子らを　置きてぞ来ぬや　母なしにして

(1)		(2) 兵士	和歌集	(3)

★★★

ヒント

1 (5)奥州藤原氏は，平泉を拠点にして東北地方を支配した。

2 (4)学問の神様として，北野天満宮などにまつられている人物である。

3 (3)最澄や空海が仏教の新しい教えを日本に伝えたのは，平安時代初めのこと。

武家政権の成立

重要点をつかもう

1 源平の争乱から鎌倉幕府の成立へ

源平の争乱→平氏の滅亡→**守護・地頭**の設置→**源頼朝**が征夷大将軍に

2 執権政治

頼朝死後，**北条氏**が実権をにぎり**執権**に→**承久の乱**→**御成敗式目（貞永式目）**

3 モンゴル帝国

チンギス=ハンがモンゴル民族を統一→**モンゴル帝国**の形成→都を**大都**（現在の北京）に移して，国号を**元**に

4 幕府の衰亡

元寇のころから幕府衰退→**（永仁の）徳政令**→後醍醐天皇に味方した**足利尊氏**らが幕府をほろぼす

▲モンゴル帝国の拡大（13世紀ごろ）

地図凡例：
- モンゴルの本拠地
- モンゴル帝国の最大領域
- 元
- → チンギス=ハンの遠征
- --- フビライ=ハンの遠征
- ⇄ マルコ=ポーロの行路

0　1,000km

地図中の地名：神聖ローマ帝国／ビザンツ帝国／コンスタンティノープル／カラコルム／元／高麗（コリョ）／大都／鎌倉／京都／日本

Step 1 基本問題

解答▶別冊4ページ

1 年表チェック⚡ 年表の空所に適語を入れなさい。

年代	おもなできごと
1185	壇ノ浦の戦いで平氏がほろびる
1192	① 　　　　　　　が征夷大将軍に任じられる
1203	北条時政が初代執権となる
1221	後鳥羽上皇が ② 　　　　　　の乱をおこす
	京都に六波羅探題が置かれる
1232	執権北条泰時が ③ 　　　　　　を定める
1274	第1回目の元寇（ ④ 　　　　の役）
1281	第2回目の元寇（弘安の役）
1297	（永仁の）徳政令が出される
1318	後醍醐天皇が即位する
1333	⑤ 　　　　　幕府がほろびる

Guide

ことば 後鳥羽上皇
院政を行う。朝廷の勢力の回復をはかって承久の乱をおこすが失敗。藤原定家らに「新古今和歌集」の編集を命じた。

くわしく 元寇
武士は個人での戦いに慣れていたため，元軍の集団戦法やてつはうを使った攻撃に苦しんだ。

ことば （永仁の）徳政令
御家人の借金を帳消しにする法律。土地の細分化や元寇で多くの借金を抱え，苦しい生活を送っていた御家人を救済するために出された。しかし，これによって幕府は信用を失った。

2 [鎌倉幕府の政治] 次の資料を見て，あとの各問いに答えなさい。

資料1

〈鎌倉時代〉
武士による政治が始まる。
↓
源氏三代の政治
↓
A 承久の乱がおこる。
↓
B 北条氏が政治の実権をにぎる。

資料2

みなの者，心を一つにしてよく聞きなさい。頼朝公が幕府を開いてから，その恩は山より高く海より深いものでした。この恩に報いる心が浅くてよいのですか。敵を討ち，幕府を守りなさい。 （部分要約）

資料3

守護の職務は犯罪を取り締まることなのに，最近，国の政治を妨げるものがある。すぐにやめなさい。 （一部要約）

(1) 資料1の下線部Aについて，資料2はこのときの北条政子の訴えである。資料2の「みなの者」とは何とよばれる武士か，答えなさい。 [   ]

(2) 資料1の下線部Aの後，朝廷の監視等を目的として置かれた機関を何というか，答えなさい。 [   ]

(3) 資料1の下線部Bについて，北条氏は何という役職についていたか，答えなさい。 [   ]

(4) 資料3は北条泰時によって定められた法律である。これを何といいますか。 [   ]

〔群馬-改〕

3 [元寇] 次の文を読んで，あとの各問いに答えなさい。

　①元の皇帝は日本を従えようと使者を送ってきたが，幕府の権力者である北条時宗がこれを無視したため，高麗の軍勢も合わせて攻めてきた。幕府軍は元軍の集団戦法や火薬を使った攻撃に苦しめられたが，元軍は夜になって撤退した。こうした元寇のあと，②御家人たちは生活が苦しくなり，幕府への不満が高まった。

(1) 下線部①の皇帝の名前を答えなさい。 [   ]

(2) 下線部②に対して，幕府は徳政令を出して，生活が苦しくなった御家人を救おうとした。このときの徳政令の内容として正しいものを，次のア～エから1つ選び，記号で答えなさい。

　ア　年貢を軽くすることを認めさせた。 [   ]

　イ　座を廃止し，市での税を免除した。

　ウ　質入れや売買により手放した領地をただでとり戻させた。

　エ　参勤交代で江戸にいる期間を1年から半年に短縮した。

〔徳島-改〕

くわしく　鎌倉幕府
　源頼朝は朝廷や貴族が強い勢力を持っている京都ではなく，それらの影響が少ない鎌倉に幕府を開いた。鎌倉は三方を山に，一方を海に囲まれた要害の地であった。当初，幕府の勢力がおよぶ範囲が限られており，朝廷の力も大きかったが，承久の乱以後，次第に幕府の力が全国におよぶようになった。

注意　北条泰時
　承久の乱の際の鎌倉幕府軍総大将→最初の六波羅探題→執権。御成敗式目を定める。

くわしく　執権
　鎌倉幕府の役職。源頼朝の死後，幕府の実権をにぎり，北条氏が世襲。その政治が執権政治。

ことば　御恩と奉公
　将軍から領地をあたえられたり，自分の土地を保障されたりすること（御恩）に対して，京都や鎌倉を警備したり，いくさのときには合戦に参加したりすること（奉公）。

くわしく　悪党
　鎌倉時代末期には北条氏への不満が増え，幕府と御家人の関係がゆらぎ始めて，幕府や荘園領主に反抗する勢力（悪党）が現れた。

Step 2 標準問題

解答▶別冊4ページ

重要 **1** [元寇] 次の資料を見て，あとの各問いに答えなさい。

1 （7点×9－63点）

資料1

資料2

　資料1は，「蒙古襲来絵詞」という絵巻物の一部である。幕府軍は（　①　）戦法や（　②　）を使った武器に苦しめられたが，（　③　）と高麗との対立もあって（　③　）軍は撤退した。その後も幕府は警戒態勢を緩めず，九州地方の守りを固めていった。

(1) （　①　）には，幕府軍が一騎打ちを主体とする戦法であったのとは対照的な語句が入る。（　①　）にあてはまる語句を答えなさい。

(2) 下線部は，当時の日本にはなかった「てつはう」という武器のことである。これは何を使った武器だったか。（　②　）にあてはまる語句を答えなさい。

(3) 13世紀初めにモンゴル民族を統一し，モンゴル帝国形成への第一歩を踏み出した人物はだれですか。

(4) 資料1のとき攻めてきた，（　③　）にあてはまる，中国の王朝名（国名）を漢字1字で答えなさい。

(5) モンゴルから中国に侵入して，国号を(4)と改め，宋をほろぼした人物はだれですか。

(6) (5)の人物が皇帝のときに中国を訪れ，そのときの体験が「世界の記述（東方見聞録）」として出版されたイタリアの商人はだれですか。

(7) 資料1のような，二度にわたる蒙古の襲来を何といいますか。

(8) 資料1のとき幕府の指導者であった資料2の人物はだれですか。

(9) 資料1のできごとの後，幕府は生活が苦しくなった御家人を救済するため，借金などを帳消しにする法令を出した。この法令を何というか，答えなさい。

〔栃木・沖縄・福島－改〕

(1)	
(2)	
(3)	
(4)	
(5)	
(6)	
(7)	
(8)	
(9)	

ワンポイント

(6) この人物は「世界の記述」の中で，日本を「黄金の国ジパング」と紹介した。

(7) 文永の役（1274年）と弘安の役（1281年）の二度の襲来を指す呼び名。

(8) 8代執権で，臨済宗の円覚寺を建てたことでも知られる。

重要 **2** [守護と地頭] 鎌倉幕府のしくみを示した右の図をみて，次の各
問いに答えなさい。

(1) 図中の**A**の役職を何というか，
答えなさい。

(2) 図中の地頭について，次の各問
いに答えなさい。

```
将軍 ─ A ─┬─ 侍所
          ├─ 政所
          ├─ 問注所
          ├─ 六波羅探題
          ├─ 守護
          └─ 地頭
```

① 鎌倉幕府が朝廷から地頭を
置くことを認められた年に
おこったできごととして，正しいものを次の**ア〜エ**か
ら１つ選び，記号で答えなさい。

ア 文永の役　　**イ** 壇ノ浦の戦い

ウ 承久の乱　　**エ** 源 頼朝の征夷大将軍就任

② 地頭は全国の公領のほか，貴族などが領主をつとめる土地
に任命されて，その土地の管理や税の取り立てなどを行っ
た。この貴族などが領主をつとめる土地のことを何という
か，答えなさい。

2 （6点×3－18点）

(1)		
(2)	①	
	②	

┌─ **ワンポイント** ──────┐
(2)②公領は，国司がおさめ
ている土地のこと。
└────────────────┘

3 [鎌倉幕府の支配] 鎌倉幕府による政治について，次の各問いに
答えなさい。

記述式 (1) 鎌倉幕府において，将軍と御家人は，御恩と奉公の関係による
主人と家来の主従関係によって結ばれていた。御家人は奉公と
してどのようなことを行ったか，具体的に１つ答えなさい。

記述式 (2) 後鳥羽上皇のと
き，承久の乱が
おこった。右の
地図は，承久の
乱の前後におけ
るおもな守護の
配置について示
したものである。
承久の乱によっ

凡例：
- 承久の乱以前から北条氏一族が守護であった国
- 承久の乱で上皇方についた守護の国及び上皇が動員をかけた国
- 承久の乱直後に新たに守護が任命された国

て，鎌倉幕府の支配力はどのようになったか。地図を参考にし
て，簡潔に答えなさい。また，承久の乱に敗れた後鳥羽上皇が
流されたのはどこか。地図中の**ア〜エ**から１つ選び，記号で答
えなさい。

〔山形・奈良－改〕

3 （(2) 記号 5点
他 7点×2－19点）

(1)	
(2)支配力	
記号	

┌─ **ワンポイント** ──────┐
(2)承久の乱後，幕府がどの
地域に守護を置いたかを
読み取る。
└────────────────┘

7 武家社会の展開

🎯 重要点をつかもう

1 建武の新政から南北朝の内乱へ

後醍醐天皇の建武の新政→足利尊氏が離反
→南北朝時代

2 室町幕府の成立

足利尊氏が征夷大将軍に 守護大名の台頭

3 14世紀の中国・朝鮮

中国…元→明 朝鮮…高麗→朝鮮

4 足利義満による勘合貿易(日明貿易)の開始

勘合貿易—倭寇と区別するために合札を使用

5 一揆・内乱

正長の土一揆 応仁の乱 山城の国一揆
加賀の一向一揆

◀勘 合…中央で半分にわった合札を,明で照らし合わせる。

▶正長の土一揆の碑文
「正長元年ヨリサキ者,カンベ四カンガウ二ヲヰメアルベカラズ」

「正長元年〈1428年〉以前の借金は,神戸四か郷では帳消し」と,奈良市にある石地蔵の片すみに彫られている。

Step 1 基本問題

解答▶別冊5ページ

1 年表チェック⚡ 年表の空所に適語を入れなさい。

年代	おもなできごと
1334	**建武の新政**が行われる
1336	**南北朝**の内乱が始まる(後醍醐天皇が吉野へ移る)
1338	**❶** が征夷大将軍に任じられる
1368	中国でモンゴル民族を追い払って明が建国される
1392	南北朝の合一がなされる 高麗が倒され,(李氏)朝鮮が建国される
1404	**❷** 貿易が始まる
1428	正長の **❸** がおこる
1467	**❹** の乱がおこる
1485	**❺** の国一揆がおこる
1488	加賀の一向一揆がおこる

Guide

くわしく 南北朝の内乱

後醍醐天皇の建武の新政は武士の不満を招き,わずか2年で終わった。新たに足利尊氏が京都に朝廷を立てる一方で(北朝),尊氏によって京都を追い出された後醍醐天皇も吉野(奈良)に朝廷を立てた(南朝)。

ことば 勘合貿易

足利義満が,倭寇の取り締まりを条件に明と始めた貿易。日本からは銅・硫黄・刀剣などが輸出され,明からは銅銭・生糸・絹織物などが輸入された。

2 [建武の新政] 次の各問いに答えなさい。

(1) 新政の中心となった天皇はだれですか。［　　　　　　　　］

(2) 京都にあった鎌倉幕府の拠点を攻め滅ぼすなど，新政の成立に
とくに手がらのあった武士はだれか，答えなさい。

［　　　　　　　　］

(3) 新政のおもな目的を，次のア〜エから1つ選び，記号で答えな
さい。　　　　　　　　　　　　　　　　　　　　　　　　　［　　　　］

　ア　将軍を中心とした武家政治を行う。

　イ　天皇を中心とする親政を行う。

　ウ　北条氏に代わって，足利氏が幕府を開く。

　エ　公家・武士などの代表者が，議会で協力して新しい政治を
　　　行う。

(4) 新政の結果を，次のア〜エから1つ選び，記号で答えなさい。

　ア　鎌倉幕府の勢いに押されて，失敗した。　　　　　　［　　　　］

　イ　天皇を中心とする貴族政治が長く続いた。

　ウ　2年ほどで失敗し，南北朝の対立となった。

　エ　わずかな年数で失敗し，戦国時代となった。

3 [勘合貿易・土一揆] 資料1・2を見て，次の各問いに答えなさい。

記述

(1) 資料1は，室町幕府3代将軍が始めた貿易
の際に使われた勘合である。このような勘
合を使用した日本の貿易相手国を答えなさ
い。また，勘合が使用された理由を，簡潔
に答えなさい。

資料1

　相手国［　　　　　　　　］

　理　由［　　　　　　　　　　　　　　　　　　　　　　　］

記述

(2) 資料2は，1428年におきた土
一揆に関するものである。こ
の土一揆について述べた次の
文の□□□□に適することばを，
資料2を参考にして6字程度
で答えなさい。

資料2
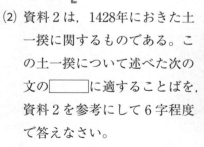

［　　　　　　　　　　　　　］

農民たちは土倉や酒屋などをおそい，□□□□□を要求した。

〔和歌山・鹿児島－改〕

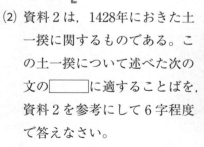欄外（右側コラム）

くわしく　「二条河原の落書」
　建武の新政を皮肉っ
た落書き。当時の世相を反映
した史料。「このごろ都には
やるもの……」という書き出
しで有名である。

ことば　建武の新政
　鎌倉幕府の滅亡後に，
後醍醐天皇が始めた政治。し
かし，「二条河原の落書」に
も見られるように，批判や不
満が多く，1336年に足利尊氏
が離反したことにより崩壊し
た。

注意　室町幕府のしくみ
　将軍以外に次の役
職・役所はおさえておこう。
管領，守護，鎌倉府，侍所
など。

くわしく　南北朝の合一
　南朝と北朝に分かれ
ていた朝廷が一つになったこ
とをいう。第3代将軍足利義
満が南朝側と交渉し，南朝の
後亀山天皇が北朝の後小松天
皇に神器を譲ることで，南北
朝の合一が果たされた。

ことば　応仁の乱
　1467年に将軍の後継
者争いがきっかけで始まり，
細川勝元と山名持豊（宗全）の
対立にさまざまな勢力が参加
して，全国的規模の内乱に発
展した。この内乱が始まった
京都は，戦乱のため荒廃した。

注意　守護大名
　次の守護大名は覚え
ておきたい。細川，山名，大
内。

Step 2 標準問題

解答▶別冊 5 ページ

1 [室町時代の政治・外交] 次の略年表を見て，あとの各問いに答えなさい。

1 (15 点× 3 － 45 点)

(1)

(2)

(3)

資料 1

世紀	政治・外交
14世紀	①後醍醐天皇の新しい政治が行われた。
15世紀	②勘合貿易が開始された。

このごろ都にはやるもの
夜討ち　強盗　謀綸旨※
召人※　早馬　虚騒動

※謀綸旨：偽りの天皇の命令
※召　人：囚人

(1) 下線部①に関して，資料１は，京都にある後醍醐天皇の住まいの近くに立てられたと伝わる札に書かれた内容の一部である。これについての説明として最も適切なものを，次の**ア～エ**から１つ選び，記号で答えなさい。

ア 上皇(院)から出された命令が新たな権威を持つようになり，天皇が出した命令が権威を失っている状況を示している。

イ 天皇を中心とした政治が始まったが，新しいしくみに不満を持つ者も多くおり，偽りの命令が出回り混乱している状況を示している。

ウ 南北に分かれた朝廷が相手の命令は偽りであり，自分たちこそ正統だと主張し，対立している状況を示している。

エ 幕府を倒すことについての天皇の命令が出されたため，幕府は政権を朝廷に返上するとともに，各地に早馬を走らせて事態の収拾に努めている状況を示している。

ワンポイント

(1)資料１は，建武の新政を批判した「二条河原の落書」とよばれる史料である。

(2)「道義」とは，出家した後の名前である。

(3)「貢ぎ物を贈ってきた」という部分に注目する。中国の皇帝に貢ぎ物をおくることを「朝貢」といい，この朝貢の形で勘合貿易(日明貿易)は始まった。

(2) 資料２は，下線部②の開始前に，明の皇帝が日本に送った文書の一部を要約したものである。資料２中の下線部にあたる人物を，次の**ア～エ**から１人選び，記号で答えなさい。

ア 平清盛　　**イ** 北条時宗
ウ 足利尊氏　**エ** 足利義満

資料 2

私が即位してから，多くの周辺諸国の王があいさつに来た。大義に背くものでなければ，礼をもって対応しようと思う。今ここに日本国王の源道義が，貢ぎ物を贈ってきた。たいへんうれしく思う。

（『善隣国宝記』を一部要約）

記述式 (3) 下線部②は，日本と明の関係が変化したことによって始まった。日本と明の外交関係はどのように変化したか。資料２から読みとれる，外交関係が変化するきっかけとなった日本の行動がわかるように，簡潔に答えなさい。　　〔神奈川・静岡－改〕

2 [一揆] 次の文を読んで，あとの各問いに答えなさい。

①1467年に始まった戦乱は京都から全国に広がり，②地方の社会に新たな動きが始まった。

重要 (1) 下線部①の戦乱を何というか，答えなさい。**資料**

(2) 下線部②について，15世紀後半から16世紀にかけておこり，右の資料の旗と関係がある一揆について述べた文を，次の**ア～エ**から1つ選び，記号で答えなさい。

注：「進めば往生極楽（ごくらく），退けば無間（むげん）地獄（じごく）」と書かれている。

ア 百姓（ひゃくしょう）たちが，不正を働く役人の解任や年貢（ねんぐ）の引き下げのほか，商品作物の自由な売買などを求めておこした一揆。

イ 武士と農民たちが浄土真宗（じょうどしんしゅう）の信仰（しんこう）で固く結びついて，荘園（しょうえん）領主や守護大名（だいみょう）に対抗しておこした一揆。

ウ 兵役の義務を負った農民が，徴兵（ちょうへい）に反対しておこした一揆。

エ 民衆が，借金の帳消しや売り渡した耕地の返還（へんかん），生活用品の値下げなどの「世直し」を求めておこした一揆。〔三重－改〕

難問 3 [守護大名の勢力図] 右の地図は1360年ごろのおもな守護大名の勢力を示したものの一部である。これについて，次の各問いに答えなさい。

(1) 地図中に ▨ で示した地域を支配していた守護大名は何氏か，答えなさい。

(2) 応仁の乱後，細川氏とともに勘合（かんごう）貿易の実権をにぎることとなる守護大名の支配地域を，地図中の**ア～エ**から1つ選び，記号で答えなさい。〔鳥取－改〕

4 [明（みん）] 勘合貿易における日本の貿易相手国であった明について，最も関係の深いものを，次の**ア～エ**から1つ選び，記号で答えなさい。

ア 東西交通がさかんになって，マルコ＝ポーロが大都（ペキン）を訪れた。

イ 皇帝（こうてい）は，大船団を東南アジアからアラビア・アフリカ東岸に送った。

ウ 都の長安（ちょうあん）(今の西安（シーアン))は，人口100万人をこえる国際色豊かな都市としてにぎわった。

エ 火薬や羅針盤（らしんばん）が世界に先がけて実用化され，海上貿易も活発に行われた。〔茨城－改〕

---

2 ((1)10点，(2)15点－25点)

(1)

(2)

ワンポイント

(2)資料に「往生極楽」と書かれていることに着目し，何を信仰していた人たちがおこした一揆かを考える。

3 (10点×2－20点)

(1)

(2)

ワンポイント

(1)全盛時，山陰地方を中心に11か国の守護を兼ねた大名。

(2)全盛時，中国・北九州地方で7か国の守護を兼ねた大名。

4 (10点×1－10点)

ワンポイント

アのマルコ＝ポーロが中国を訪れたのは，元の皇帝フビライ＝ハンの時代のこと。

8 中世の産業・社会・文化

重要点をつかもう

1 鎌倉時代の武士の生活

簡素な武士の館　分割相続　「弓馬の道」

2 農業生産力の向上

牛馬耕・鉄製農具の普及
草木灰・堆肥などの肥料　二毛作

3 手工業の発達

西陣織・瀬戸焼などの特産物　綿花栽培

4 商業の発達

定期市　宋銭・明銭などの流通
馬借・車借　問(問丸)　土倉・酒屋

5 民衆の組織

農村…惣　手工業者…座

鎌倉文化	〔建築〕東大寺南大門　〔彫刻〕運慶・快慶らの東大寺南大門金剛力士像 〔絵画〕(伝)源頼朝像　一遍上人絵伝 〔文芸〕平家物語　新古今和歌集 〔仏教〕法然の浄土宗　親鸞の浄土真宗 (一向宗)　一遍の時宗　日蓮の法華宗 (日蓮宗)　栄西・道元の禅宗
室町文化	〔建築〕金閣　銀閣　書院造　〔絵画〕雪舟らの水墨画　〔物語〕御伽草子 〔芸能〕能・狂言　〔庭園〕龍安寺の石庭

Step 1 基本問題

解答▶別冊6ページ

1 年表チェック⚡ 枠内の空所に適語を入れなさい。

Aは鎌倉時代を代表する建築物の

❶ ＿＿＿＿＿＿＿＿＿　である。

Bは❷ ＿＿＿＿＿＿＿ と伝えられる肖像画で，鎌倉時代を代表する絵である。

Cは❸ ＿＿＿＿＿＿＿ が建てた金閣で，室町時代前期を象徴する建築物である。

Dは**足利義政**が建てた

❹ ＿＿＿＿＿＿＿

で，室町時代後期を象徴する建築物である。

Guide

くわしく　**金閣の様式**

3層からなり，1層は寝殿造風，2層は書院造風，3層は禅宗仏殿で，武家の文化と公家の文化の融合を示す。この時代，政治においては幕府による朝廷の権力の吸収が進んだ。金閣は，足利義満の死後，鹿苑寺となった。

注意　**足利義政**

15世紀後半の室町幕府の将軍。自身の跡継ぎ問題が応仁の乱の原因の一つになる。銀閣(慈照寺の建物の一つ)を建てる。

2 [中世の文化] 次の各問いに答えなさい。

(1) 鎌倉時代に諸国を遊行して，踊り念仏を広めた人物はだれですか。 [　　　　　　　]

(2) 次の文は右の資料について述べたものである。文中の□にあてはまる適当な語句を答えなさい。 [　　　　　　　]

> この面は，観阿弥・世阿弥親子が舞台芸術として大成した□とよばれる伝統演劇で用いられる女面である。

(3) 禅宗の寺院にはほぼ石と砂だけでできている庭園が見られるが，このような表現技法を何といいますか。 [　　　　　　　]

(4) 室町時代にはさまざまな産業が発達し，商業活動が活発になった。このころ，商人や手工業者は同業者の団体をつくり，貴族や寺社の保護を受け，営業を独占する権利を認められていた。この同業者の団体は何とよばれるか。そのよび名を答えなさい。
[　　　　　　　]

〔愛媛・香川－改〕

3 [鎌倉時代の農業・商業] 次の各問いに答えなさい。

(1) 13～15世紀ごろの農業の内容として正しいものはどれか。次のア～エから1つ選び，記号で答えなさい。 [　　　]
ア　干鰯の普及　　　イ　二毛作の普及
ウ　口分田の増加　　エ　備中ぐわの普及

(2) 右下の絵には，鎌倉時代の備前(岡山県)の市のようすが描かれている。この絵を参考にして，鎌倉時代の衣服，または商業について正しく述べたものを，次のア～エから1つ選び，記号で答えなさい。 [　　　]

ア　農作物や織物の取り引きが地方の市でも始まった。
イ　農民の男性の多くは束帯という衣服を着ていた。
ウ　市を開く日数が増え，瓦屋根の店も多くなった。
エ　米の売買には勘合貿易で輸入した銅銭が使われた。

〔神奈川・奈良－改〕

ことば　鎌倉新仏教
■浄土宗―法然・念仏
■浄土真宗(一向宗)―親鸞・悪人こそ救われる・一向一揆
■時宗―一遍・踊り念仏・『一遍上人絵伝』
■法華宗(日蓮宗)―日蓮・法華経・題目
■禅宗―栄西(臨済宗)・道元(曹洞宗)・座禅・栄西は中国から茶を伝えたといわれる。

注意　室町時代の庭園で有名な寺院
龍安寺の石庭(枯山水)，大徳寺大仙院(枯山水)，西芳寺(苔寺)，慈照寺(銀閣)(いずれも京都市にある。)禅宗の寺院では草木や水を用いず，石や白砂で山・滝・水などの自然を表した枯山水の庭がつくられた。

くわしく　肥料
鎌倉・室町時代に使用されたのは草木の灰，堆肥(刈敷)，牛馬の糞。江戸時代になると干鰯，油かすなどの金肥(金銭を支払って買い入れる肥料)が普及した。

1 [中世の産業・貿易] 次の各問いに答えなさい。

(1) 平安時代末期から戦国時代までを中世という。中世のようすを述べた文として適切でないものを，次の**ア〜エ**から1つ選び，記号で答えなさい。

ア 農業では二毛作が広まり，年貢などの物資を運ぶ馬借や問（問丸）といった運送業者が活躍し，商品を交換する市が定期的に開かれた。

イ 土倉や酒屋とよばれる高利貸しが富を蓄え，幕府は彼らに税を課すことで重要な財源とした。

ウ 倭寇が松浦や対馬などを根拠地として活発に活動し，朝鮮半島や中国の沿岸を襲った。

エ 大阪は商業の中心として「天下の台所」とよばれ，蔵屋敷での年貢米や特産物の取り引きで発展した。

重要 (2) 15世紀には首里を首都として琉球王国が成立し，東アジアや東南アジアの国々とさかんに交易を行い，独自の文化を築いて繁栄した。琉球王国の貿易の形態を表す名称として最も適切なものを，次の**ア〜エ**から1つ選び，記号で答えなさい。

ア 中継貿易　　**イ** 南蛮貿易
ウ 朱印船貿易　**エ** 勘合貿易　　　　　〔沖縄－改〕

2 [鎌倉文化] 次の各問いに答えなさい。

(1) 鎌倉時代の文化について述べた文として適切なものを，次の**ア〜エ**から1つ選び，記号で答えなさい。

ア 善阿弥が銀閣の庭をつくった。
イ 清少納言が『枕草子』を書いた。
ウ 狩野永徳が「唐獅子図屏風」を描いた。
エ 兼好法師が『徒然草』を書いた。

(2) 鎌倉時代に栄西や道元が宋から伝えた仏教は武士に受け入れられ，幕府に保護された。この仏教の特色を述べた文として最も適切なものを，次の**ア〜エ**から1つ選び，記号で答えなさい。

ア 南無阿弥陀仏と一心に念仏を唱える。
イ 念仏の札の配布や踊念仏によって布教する。
ウ 座禅によってさとりを開く。
エ 南無妙法蓮華経と題目を唱える。　　　　〔高知・奈良－改〕

1 (13点×2－26点)

(1)	
(2)	

ワンポイント

(1)「蔵屋敷」とは，年貢米や特産物を取り引きするための倉庫で，江戸時代に，特に大阪に多く建てられた。

(2) 琉球王国は，自国の産物を輸出するのではなく，他国から輸入した産物を，また別の国に輸出する形の貿易で利益を得ていた。

2 (10点×2－20点)

(1)	
(2)	

ワンポイント

(1)『枕草子』，『方丈記』，『徒然草』は日本三大随筆といわれるが，そのうち一つは平安時代の作品である。

(2) 栄西や道元が伝えた新しい仏教の教えは，禅宗とよばれる。

重要
😵 **3**　**[室町文化]** 次の文を読んで，あとの各問いに答えなさい。

(1) 室町文化について説明したものとして適切なものを，次のア〜エから1つ選び，記号で答えなさい。

　　ア　観阿弥と世阿弥親子が能を大成した。

　　イ　一遍が念仏の教えを広めた。

　　ウ　千利休がわび茶の作法を完成させた。

　　エ　かな文字が考案されて文学作品に使われた。

(2) 右の絵は，雪舟が描いた『天橋立図』である。これについて説明した次の文の（①）にあてはまる守護大名をあとの**ア〜オ**から，（②）にあてはまる中国の王朝をあとの**カ〜コ**から1つずつ選び，記号で答えなさい。

　　雪舟は京都で修行した後，周防国に移り，守護大名の（①）氏の保護を受け，多くの水墨画を描いた。1467年，（②）に渡り本格的な中国画法を学び，帰国後は独自の水墨画風を確立した。
　　晩年は諸国を旅して，1500年ごろに天橋立におもむき，この作品を描いたといわれる。

ア 細川	**イ** 今川	**ウ** 山名	**エ** 島津	**オ** 大内
カ 隋	**キ** 唐	**ク** 宋	**ケ** 元	**コ** 明

(3) 右のA・Bがつくられた時代をそれぞれ答えなさい。

　A　東大寺南大門の金剛力士像　　B　銀閣

(4) 右の資料は，室町時代に始まり，近代和風建築のもととなった建築様式である。寺院の様式が武家の住居に取り入れられた，このような様式を何というか，答えなさい。

〔筑波大附高・洛南高−改〕

3　（9点×6−54点）

(1)	
(2)	①
	②
(3)	A
	B
(4)	

📎 **ワンポイント**

(2) 周防国は，今の山口県にあたる。

(3) 平氏によって焼かれた東大寺は，民衆からの寄付を集めて再建された。東大寺の建築には，宋の影響を受けた新しい様式が取り入れられている。

第1章
第2章
第3章
第4章
第5章

Step ③ 実力問題

【 月 日】

⏳ 時間 30分	📋 合格点 70点	☑ 得点 点

解答▶別冊6ページ

1 次の各問いに答えなさい。(56点)

(1) 次の発表原稿は，鎌倉幕府第3代の執権についた
北条泰時が御成敗式目を定めたことについて，あ
る中学生がまとめたものである。原稿の（ Ⅰ ），
（ Ⅱ ）に入る適切な内容を，右の資料1・2を参
考にして，簡潔に答えなさい。(各15点)

資料1　承久の乱に関する資料

■乱の後に，幕府が
東日本の御家人を新たな
地頭としておいた国

発表原稿(一部)

北条泰時が御成敗式目を定めたのは，資料1から，
承久の乱の後に，新しい地頭が置かれ，鎌倉幕府の支
配が（ Ⅰ ）ことによって，資料2から，領地の支配権
をめぐり，（ Ⅱ ）ため，裁判を公平に行うための基準
が必要になったからだと思います。

資料2　荘園領主と地頭に関する資料

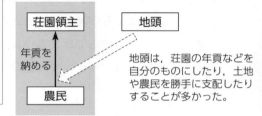

地頭は，荘園の年貢などを
自分のものにしたり，土地
や農民を勝手に支配したり
することが多かった。

(2) 右の絵図は荘園領主と地頭が土地を折半したときに作成され
たものである。この絵図に示された紛争の解決手段を何とい
うか，漢字で答えなさい。(9点)

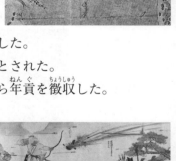

(3) 右の絵図を説明した文として正しいものを，次の**ア〜エ**か
ら1つ選び，記号で答えなさい。(8点)

ア 絵図の右側が荘園領主の支配とされ，境界に線が引かれ
ている。

イ 描かれた小舟に乗る漁民は，地頭のもとで倭寇として活動した。

ウ 周辺の山林は，荘園領主と地頭による土地の折半の対象外とされた。

エ 作成された絵図にもとづき，鎌倉幕府は荘園領主と地頭から年貢を徴収した。

(4) 右の絵は，元寇で奮戦した御家人の竹崎季長が，自分の活
躍ぶりを描かせた『蒙古襲来絵詞』の一部である。彼は戦
いで功績をあげたにもかかわらず，恩賞があたえられなか
ったため，みずから鎌倉におもむき幕府に直訴した結果，
恩賞として肥後国海東郷の地頭職を得た。竹崎が直訴した
時の執権はだれか，その名を答えなさい。(9点)

〔宮崎・開成高・洛南高−改〕

(1)	Ⅰ		Ⅱ	
(2)		(3)	(4)	

2 ある中学生が「日本と中国の交流や関わり」についてまとめた次の文章を読んで，あとの各問いに答えなさい。(44点)

> 正式な貿易船に証明書を持たせ，朝貢の形で①中国と貿易を始めた。日本は刀や銅，硫黄，漆器などを輸出し，銅銭や生糸，絹織物，書画，陶磁器などを大量に輸入したので，日本の経済や②文化は大きな影響を受けた。

(1) 下線部①について，この中国の国（王朝）名を，漢字1字で答えなさい。(11点)

(2) 下線部②について，上の文章の時代に栄えた文化の作品として適切なものを，右の**ア〜エ**から1つずつ選び，記号で答えなさい。(11点)

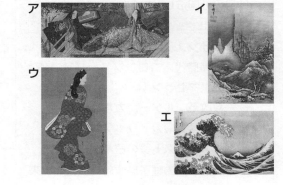

記述式 (3) 右の資料1は，上の文章で示された時代における農民たちの行動の様子が書かれたものである。農民たちがこのような行動をとった目的は何か，資料にある酒屋と土倉が共通して営んでいた仕事の内容にふれて答えなさい。(11点)

資料1

> 農民たちが一斉に暴動をおこした。徳政と言いたて，酒屋・土倉などを襲い，さまざまなものを勝手に奪いとった。　(「大乗院日記目録」を一部要約)

(4) 右の資料2・3と〔説明〕は，上の文章の時代におけるある場所に関するものである。これらの資料と最も関わりの深い場所を，次の地図中の**ア〜エ**から1つ選び，記号で答えなさい。(11点)

資料2　　　資料3

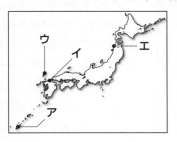

〔説明〕　資料3の鐘は，資料2の建物にかけられていた。この鐘には『万国の津梁（国々のかけ橋）』と記されており，この地が中継貿易で繁栄していたことを誇る気持ちがうかがえる。この地の人々は中国や朝鮮半島，東南アジアにも船を送り，産物をやりとりしていた。

〔青森・京都・石川・富山―改〕

(1)	(2)	(3)
(4)		

ヒント

1 (1)資料2からは，荘園における地頭の力が強くなっていることが読み取れる。

2 (1)勘合貿易の相手国である。

(3)酒屋と土倉が共通して営んでいた仕事は高利貸しである。

9. 戦国の動乱とヨーロッパ人の世界進出

重要点をつかもう

1 戦国大名の領国統治

下剋上　城下町の建設　領国の統一支配

独自の分国法（家法）の制定

2 14～16世紀ごろのヨーロッパ

① ルネサンス（文芸復興）

② 大航海時代　コロンブス，バスコ＝ダ＝ガマ，マゼラン

③ 宗教改革　ルター，カルバン

イエズス会のカトリック教会改革

3 鉄砲・キリスト教の日本伝来

ポルトガル人の種子島漂着→鉄砲の伝来

フランシスコ＝ザビエル→キリスト教の布教→南蛮貿易

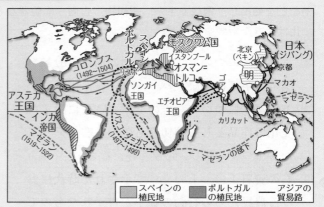

▲16世紀ごろの世界

Step 1 基本問題

解答▶別冊7ページ

1 年表チェック⚡ 年表の空所に適語を入れなさい。

年代	お も な で き ご と
14世紀	イタリアで**ルネサンス**がおこる
1492	**コロンブス**が ❶　　　　　　　　諸島に到着する
1498	**バスコ＝ダ＝ガマ**が新航路でインドに到着する
1510	ポルトガルがゴアを占領する
1517	❷　　　　　　　　　　による宗教改革がドイツで始まる
1519	**マゼラン**一行が世界一周に出航（～22）
1533	スペインがインカ帝国を滅ぼす
1541	**カルバン**による宗教改革がスイスで始まる
1543	コペルニクスが地動説を発表する
	❸　　　　　　　　　　人が種子島に漂着して鉄砲を伝える
1549	イエズス会の ❹　　　　　　　　が日本に来て
	❺　　　　　　　　教を伝える

Guide

■コロンブス

イタリアのジェノバ出身。西回りでインドへ向けて船出。発見した地をインドの一部だと信じていたことから，「西インド諸島」とよばれた。

■フランシスコ＝ザビエル

スペイン人のイエズス会宣教師で，1549年に鹿児島に上陸し，山口や府内（豊後）で布教した。

種子島に漂着したポルトガル人

日本に来た最初のヨーロッパ人。島主の種子島時堯はポルトガル人のもっていた鉄砲を買い求め，家臣に使用法を学ばせた。

2 [戦国時代] 歴史上のある人物が話している次の文を読んで，あとの各問いに答えなさい。

> 私は豊後の国（大分県）を支配していたが，九州北部の支配をめぐって毛利氏と争った。また，1551年に①イエズス会の宣教師に会い，領内において②キリスト教を保護した。後に私自身もキリスト教に改宗した。

(1) 下線部①について，イエズス会の宣教師がキリスト教を伝えるためにアジアへやってきたのは，16世紀はじめ，ドイツのルターなどによって始まったあるできごとに対抗するためである。そのできごとを漢字4字で答えなさい。　[　　　　　　　]

記述 (2) 下線部②について，この人物や各地の戦国大名がキリスト教を保護したのはなぜか，その理由を経済面に着目し，簡潔に答えなさい。　[　　　　　　　]

(3) 戦国時代に広まった，力のある下位の者が上位の者を倒してその地位を奪い取るような風潮を何といいますか。

　　　　　　　　　　　　　　[　　　　　　　]　〔青森－改〕

3 [15～16世紀ごろのヨーロッパ] 次の各問いに答えなさい。

(1) 日本が戦国時代のころ，ヨーロッパ人は新航路を開拓してさかんに海外進出を行っていた。このような意味から，世界の歴史における15～16世紀ごろは一般に何時代とよばれていますか。

　　　　　　　　　　　　　[　　　　　　　]

(2) 次の文の　X　，　Y　にあてはまる国名をそれぞれ答えなさい。

> キリスト教が伝わったころから，　X　や　Y　の船が毎年のように九州各地の港に来て貿易をするようになった。当時の人々は，　X　人や　Y　人を南蛮人とよんだので，この貿易のことを南蛮貿易という。

　　　　　X [　　　　　　　] Y [　　　　　　　]

(3) ポルトガル人が種子島に漂着したころのヨーロッパのできごととして適切なものを，次のア～ウから1つ選び，記号で答えなさい。
　　　　　　　　　　　　　　　　　　[　　　　　　　]

ア 紡績や織物の機械が次々に発明されて産業革命が始まった。
イ ローマ教皇（法王）のよびかけで，十字軍の遠征が行われた。
ウ ルターやカルバンなどによる宗教改革の動きが広まった。

〔福井・愛媛・静岡－改〕

注意 **分国法の例**
今川氏の「今川仮名目録」，伊達氏の「塵芥集」，武田氏の「甲州法度之次第」，朝倉氏の「朝倉孝景条々」。

くわしく **宗教改革**
ルターやカルバンが従来のカトリック教会を批判するなかで，カトリック教会の内部でも立て直しを目指すす動きがおこった。イエズス会はその中心的な組織で，アジアやアメリカ大陸に宣教師を送り，キリスト教を積極的に広めようとした。

ことば **16～17世紀ごろのヨーロッパ諸国のおもな海外進出地**
スペイン…中南米・フィリピン
ポルトガル…インドのゴア・中国のマカオ
オランダ…ジャワ島のバタヴィア・南アフリカのケープ植民地

ひと休み **ルネサンスの例**
叙事詩「神曲」を書いたダンテ，絵画「モナ=リザ」を描いたレオナルド=ダ=ビンチ，彫刻「ダビデ」を彫ったミケランジェロ，地動説を説いたガリレオ=ガリレイ。全員イタリア人である。

重要 **1** ［大航海時代］次の略地図は，15世紀から16世紀中ごろの世界の一部を示したものである。A～Dの文を読み，あとの各問いに答えなさい。

1（6点×5－30点）

(1)	①
	②
(2)	X
	Y
	Z

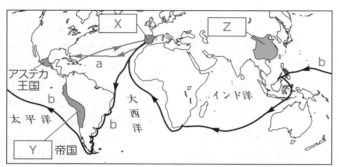
アステカ王国
太平洋
Y 帝国
大西洋
インド洋

A　大西洋を西へ行けばアジアに行けると考えた　①　は，　X　の援助を受けて図中のaの航路をとり，1492年，西インド諸島に到着した。

B　　X　王の命を受けた　②　は，図中のbの航路で大西洋，太平洋を横断し，その部下は1522年，世界一周に成功した。

C　　X　は，16世紀前半，アメリカ大陸に進出し，アステカ王国や　Y　帝国を征服して，広大な植民地をつくった。

D　日本は，　Z　を相手国として，倭寇（わこう）と区別するための合札（ごうさつ・あい）を用いて貿易を行った。

(1) 文中の　　　の①・②にあてはまる人物名をそれぞれ答えなさい。

(2) 文中と略地図中にある　　　のX～Zにあてはまる語句を，X・Yは国名で，Zは中国の王朝名で，それぞれ答えなさい。

〔岐阜－改〕

2 ［戦国時代（せんごく）］次の文を読んで，あとの各問いに答えなさい。

　①下剋上（げこくじょう）の風潮の中で，守護大名（だいみょう）やその家臣などの中から②戦国大名があらわれた。③戦国大名は国内の武士や農民を直接支配して領国を治めた。室町幕府（むろまちばくふ）の支配力は事実上失われ，④15世紀後半から約100年におよぶ戦乱の時代が続くことになった。

重要 記述 (1) 下線部①について，下剋上とはどのような風潮か，「実力」という語句を使って，簡潔に説明しなさい。

(2) 下線部②について，
右の地図は戦国大名
の支配領域の一部
（16世紀中ごろ）をあ
らわしている。地図
中のA〜Cと戦国大
名の組み合わせとし

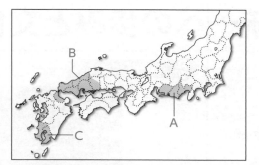

て正しいものを，次の**ア〜カ**から１つ選び，記号で答えなさい。

ア A—今川氏　　B—島津氏　　C—毛利氏

イ A—今川氏　　B—毛利氏　　C—島津氏

ウ A—島津氏　　B—今川氏　　C—毛利氏

エ A—島津氏　　B—毛利氏　　C—今川氏

オ A—毛利氏　　B—今川氏　　C—島津氏

カ A—毛利氏　　B—島津氏　　C—今川氏

(3) 下線部③について，戦国大名が領国を治めるために独自に定め
た決まりを何というか，答えなさい。

(4) 下線部④について，この時期におこった世界のできごとについ
て述べた次の**ア〜エ**の文を，年代の古い順に並べかえ，記号で
答えなさい。

ア スペイン人がインカ帝国を征服する。

イ オランダがスペインからの独立を宣言する。

ウ ルターがドイツで宗教改革を開始する。

エ バスコ＝ダ＝ガマがインド航路を開く。　　〔西大和学園高－改〕

3 [南蛮貿易と南蛮文化] 次の各問いに答えなさい。

(1) 次の表は，わが国に最初に来たヨーロッパ人の国から伝えられ
たことばである。右の略地図の**A**の国名を答えなさい。

もとの外国語	→	日本語
カステルラ	→	かすてら
カパ	→	かっぱ
パンゥ	→	ぱん
コポ	→	こっぷ
ボタン	→	ぼたん
サバン	→	しゃぼん

(2) (1)のヨーロッパ人たちは，鉄砲・火薬・中国産の生糸などを日
本にもたらし，銀などを持ち帰った。この貿易を何というか，
答えなさい。

〔滋賀－改〕

2 (1)(4) 15点×2
他 10点×2－50点)

(1)

(2)

(3)

(4)
→　　　→　　　→

ワンポイント

(2) 今川義元は駿河(静岡県)
や三河(愛知県)を領国と
していたが，桶狭間の戦
い(愛知県)で，織田信長
に敗れた。

(4) オランダは17世紀初めに
東インド会社を設立して
アジアに進出し，ポルト
ガルやスペインにかわっ
てヨーロッパの貿易の中
心として繁栄した。

3 (10点×2－20点)

(1)

(2)

10 天下統一への歩みと文化

重要点をつかもう

1 織田信長の統一事業

桶狭間の戦い 延暦寺や一向一揆を攻撃

室町幕府を滅ぼす 長篠の戦い

安土城築城 楽市・楽座

2 豊臣秀吉の全国統一

山崎の戦い 大阪城築城 太閤検地

宣教師(バテレン)追放令 刀狩

朝鮮侵略…義兵や李舜臣らによる抵抗

3 桃山文化

姫路城などの城郭建築

狩野永徳らのふすま・屏風絵

千利休のわび茶 歌舞伎踊り 南蛮文化

▲姫路城

▲唐獅子図屏風(狩野永徳)

▲千利休ゆかりの茶室

▲南蛮屏風

Step 1 基本問題

解答▶別冊7ページ

1 年表チェック⚡ 年表の空所に適語を入れなさい。

年代	おもなできごと
1573	**織田信長**が足利義昭を京都から追放して ❶ [　　　　] をほろぼす
1575	織田信長が**長篠の戦い**で武田勝頼を破る
1576	織田信長が ❷ [　　　　] 城に入る
1582	**本能寺の変**で織田信長が明智光秀に攻められ，自害する 山崎の戦いで**豊臣秀吉**が明智光秀をたおす
1587	豊臣秀吉が ❸ [　　　　] 追放令を出す
1588	豊臣秀吉が ❹ [　　　　] 令を出す
1590	豊臣秀吉が東北・関東地方を統一し，全国統一をほぼ完成させる
1592	豊臣秀吉が ❺ [　　　　] 侵略を始める

Guide

くわしく 武田氏

武田勝頼の父である武田信玄は甲斐の戦国大名であった。越後の戦国大名だった上杉謙信との川中島の戦いは有名である。信玄の死後，武田氏は篠篠の戦いで信長の鉄砲を用いた戦法の前に大敗し，没落していく。

ことば 宣教師(バテレン)追放令

豊臣秀吉が1587年に九州統一後の博多で出した。貿易船の来航は差しつかえないとしている点で，キリスト教禁止政策としては徹底しなかった。

くわしく 全国統一完成

豊臣秀吉が，東北地方の伊達氏，関東地方の北条氏を降伏させる。

2 [織田信長] 右の資料を見て，次の各問いに答えなさい。

(1) 資料の戦いでは，ヨーロッパから伝えられた新しい武器が使用された。この武器を何といいますか。
[　　　　　　　　　]

資料

(2) 資料の戦いで勝利した尾張（愛知県）出身の武将はだれですか。
[　　　　　　　　　]

(3) 資料は何という戦いを描いたものですか。
[　　　　　　　　　]

(4) (2)の人物が商工業振興のために安土などで行った，座を廃止するなどの自由化政策を何といいますか。[　　　　　　　　　]

3 [安土桃山時代] 次の各問いに答えなさい。

(1) 次の①〜⑧の各事項のうち，織田信長に関するものには**ア**を，豊臣秀吉に関するものには**イ**を書いて分類しなさい。

① 壮大な伏見城や聚楽第を築いた。 [　　　]
② 仏教勢力をきらい，キリスト教を奨励した。 [　　　]
③ 鉄砲による新戦術を用い，安土城を築いた。 [　　　]
④ 朝鮮に出兵し，またキリスト教を禁止した。 [　　　]
⑤ 将軍を京都から追放し，幕府をほろぼした。 [　　　]
⑥ 検地・刀狩を行い，武士と農民を区別した。 [　　　]
⑦ 小田原の北条氏をほろぼして，全国を統一した。[　　　]
⑧ 関白・太政大臣に任ぜられた。 [　　　]

(2) 次の①〜③の各人物にそれぞれ最も関係深い事項を，あとの**ア**〜**オ**から1つずつ選び，記号で答えなさい。

① 阿 国 [　　　]　② 千利休 [　　　]
③ 狩野永徳 [　　　]

ア 歌舞伎踊り　**イ** わび茶　**ウ** 活版印刷
エ 南蛮屏風　**オ** ふすま・屏風絵

第1章　第2章　第3章　第4章　第5章

くわしく　織田信長
桶狭間の戦いで今川義元を破る→足利義昭を追放→室町幕府をほろぼす→長篠の戦いで武田勝頼を破る→琵琶湖のほとりに安土城を築く→中国地方に向かう途中，京都の本能寺で家臣の明智光秀に裏切られ，自害する。

注意　楽市・楽座
市の独占的なきまりや座を廃して，商工業の拡大・円滑化を図った。城下町の経済発展を図ることを目的としていた。

ことば　聚楽第
大阪城・伏見城とともに，豊臣秀吉が築いた壮麗な建造物で，城郭風の邸宅。現在の京都市にあったが，現存しない。

くわしく　桃山文化
安土・桃山時代には，大名や大商人らを中心に雄大で豪華な文化が栄えた。また，桃山文化は南蛮文化の影響も強く受けている。狩野永徳と弟子の山楽は，安土城や大阪城の障壁画を描いた。

注意　阿国
出雲の阿国といわれる女性。京都で歌舞伎踊りをはじめたといわれる。歌舞伎の源流。

1 [戦国時代〜安土・桃山時代] 次のA〜Dの文を読んで,あと
の各問いに答えなさい。

1 (5点×11－55点)

> A 壮大な天守閣をもつ城を<u>この地</u>につくり,市場の税を免除し
> 座の特権を廃止する(①)の令を出して城下町を建設し,
> 畿内とその周辺を支配して全国統一のもとをつくった。
>
> B 大名が少年使節をローマ教皇(法王)のもとに送ったが,これ
> は宣教師(②)が<u>この地</u>に上陸して,キリスト教を伝えて
> から約30年後のことであった。
>
> C 南蛮船との貿易がおこると,それまで(③)との貿易の基
> 地として発展した<u>この地</u>に舶来品が集まり,繁栄を極めた。
> 町は商人たちによる自治の組織で治められていた。
>
> D 聚楽第という壮大な邸宅を<u>この地</u>につくり,天皇を招くなど
> 皇室の権威をかりて政治を行おうとした。

(1) 上の各文中の<u>この地</u>とはどこか。次の**ア〜キ**から1つずつ選び,
記号で答えなさい。

ア 京 都　**イ** 大 阪　**ウ** 鹿児島　**エ** 江 戸
オ 安 土　**カ** 堺　　**キ** 長 崎

(2) 上の各文の(①)〜(③)にあてはまる語を答えなさい。

(3) 上の4つの文が示している時代の文化に関する事項を,次の**ア
〜オ**から2つ選び,その記号を書きなさい。

ア 猿楽のこっけい味を生かした狂言が生まれ,庶民にもては
やされた。

イ 武士の活躍を描いた軍記物が生まれ,琵琶法師が各地に語
り伝えた。

ウ 狩野永徳らが書院のふすまなどに豪華な絵を描いた。

エ 井原西鶴が町人の生活を浮世草子に巧みに描いた。

オ 歌舞伎踊りが始まり,三味線で浄瑠璃が語られた。

(4) Dの文に相当する人物の出した法令を,次の**ア〜オ**から2つ選
び,記号で答えなさい。

ア 外国に渡り,そこに住みついた日本人が帰国したら死罪を
申しつける。

イ 日本は神国であるのに,きりしたん国からよこしまな宗教
を与えられることはたいへんよくないことである。

ウ 大名は定めのとおり,領国と江戸に交代で住むこと。

解答欄:

(1)	A
	B
	C
	D
(2)	①
	②
	③
(3)	
(4)	

ワンポイント
B 南蛮貿易の利益に着目し
た九州各地の大名の中には,
自らキリスト教徒になる者
もいた。このような大名を
キリシタン大名という。大
友宗麟などのキリシタン大
名は4人の少年を使節とし
てローマ教皇のもとに派遣
した。

エ　諸国の百姓が刀，脇指，弓，やり，鉄砲などの武器類を持つことは，いっさい厳重に禁止する。

オ　五人組のうちで年貢や雑税を滞納する者があれば，組中の責任として必ず処理しなければならない。　〔大分－改〕

2 [安土桃山時代] 右の略年表は，織田信長に関連するできごとをまとめたものである。これを見て，次の各問いに答えなさい。

(1) 織田信長が足利義昭を京都から追放し，室町幕府が滅亡したのはいつの時期か。略年表中のア～エから1つ選び，記号で答えなさい。

年代	できごと
1534…	尾張で生まれる
ア⇕	
1549…	日本に①キリスト教が伝わる
イ⇕	
1560…	桶狭間の戦いで今川義元を破る
ウ⇕	
1577…	安土の城下町に②楽市・楽座令を出す
エ⇕	
1582…	本能寺で明智光秀に討たれる

重要(2) 下線部①について，日本にキリスト教を伝えた宣教師は，カトリック教会の中の何という団体に属していたか。団体の名を答えなさい。

記述式(3) 下線部②について，右の資料は信長が安土の城下町に出した法令の一部である。この法令はどのような効果をねらったものか。資料から読み取れる経済的な側面に着目して，次の文中の(　)に入る適切な語句を記入し，文を完成させなさい。

資料
― この安土の町は楽市としたので，いろいろな座は廃止し，さまざまな税や労役は免除する。
― 京都に行き来する商人は，安土を通っていない街道(のちの中山道)の通行を禁止する。必ず安土に寄って泊まるようにせよ。

信長は，楽市・楽座を行うことで(　　　　　　)を促した。

(4) 年表のころの貿易のようすを描いたとされる絵画資料は，次のア・イのうちどちらか，答えなさい。

ア

イ

〔山形・沖縄・佐賀－改〕

2 (3) 15点
(他10点×3－45点)

(1)	
(2)	
(3)	
(4)	

ワンポイント
(2) カトリック教会の中で改革の中心になった団体。アジアや中南米を中心に海外で布教活動を行った。
(3) 座の廃止，税や労役の免除といった点に着目し，それらが何のために行われたのかを考える。
(4) このころの貿易は南蛮貿易である。南蛮人(ポルトガル人やスペイン人)や宣教師が描かれている絵画を選ぶ。

Step 3 実力問題①

1 次の文を読んで、あとの各問いに答えなさい。(25点)

> 16世紀には、ポルトガルやスペインはアジアに進出しだした。①ポルトガルやスペインの貿易船は日本にも来航した。②貿易船でイエズス会の宣教師も来日し、日本でキリスト教の布教を行った。

重要 (1) 下線部①について、このようなポルトガルやスペインとの貿易を何といいますか。(7点)

(2) (1)の貿易では、日本からはおもに銀が持ち帰られた。当時の日本における最大の銀の産地はどこか。また、その銀山の位置は右の略地図中のA・Bのどちらか。それらの組み合わせとして正しいものを、次のア～エから1つ選び、記号で答えなさい。(8点)

　ア 石見—A　　イ 石見—B　　ウ 佐渡—A　　エ 佐渡—B

記述式 (3) 下線部②について、当時、イエズス会の宣教師が日本を含むアジアでキリスト教の布教を行ったのはなぜだと考えられるか。その理由を「プロテスタント」の語句を用いて、簡潔に答えなさい。(10点)

〔広島・徳島—改〕

(1)	(2)	(3)

2 右の表は、織田信長が活躍したころから豊臣氏が滅亡するまでの時期におこったできごとを、年代順に並べたものである。これを見て、次の各問いに答えなさい。(20点)

(1) 明智光秀が織田信長を滅ぼした時期を、右の表のア～エから1つ選び、記号で答えなさい。(6点)

(2) 下線部について、この戦いで効果的に使用された鉄砲が、1543年にポルトガル人によって伝えられた場所を、右の地図のア～エから1つ選び、記号で答えなさい。(7点)

○桶狭間の戦いがおこる
⇕ア
○長篠の戦いがおこる
⇕イ
○関東の北条氏が滅亡する
⇕ウ
○関ヶ原の戦いがおこる
⇕エ
○豊臣氏が滅亡する

(3) 日本に鉄砲が伝来したころに、世界でおきたできごととして最も適当なものを、次のア～エから1つ選び、記号で答えなさい。(7点)

　ア ドイツのルターが、ローマ教皇やカトリック教会の権威を否定し、宗教改革が始まった。

　イ ムハンマドがメッカで、唯一神を信じるイスラム教を始めた。

　ウ 遊牧民族のチンギス=ハンが、モンゴルを統一して国を建設した。

　エ アメリカ合衆国で南北戦争がおこり、北部が勝利した。

〔熊本・大分—改〕

(1)	(2)	(3)

記述 **3** 右の地図は，織田信長と宗教
勢力とのおもな戦いをまとめ
たものである。この地図と右
の資料を参考にして，織田信
長の宗教に対する姿勢を，「仏教」，「キリスト教」の2つの語句を
用いて，簡潔に答えなさい。（10点）

資料　織田信長のキリスト教への姿勢

・領内でのキリスト教の布教を認めた
・京都に教会の建設を認め，安土にキ
　リスト教の神学校の建設を認めた

延暦寺焼き打ち（1571）
石山戦争（1570〜80）
伊勢・長島一向一揆鎮圧（1571〜74）

重要 **4** 次の各問いに答えなさい。（45点）

(1) 織田信長の死後，全国統一を成し遂げた右の資料の人物はだれか。
その人物名を答えなさい。（8点）

(2) (1)の人物はどの職についたか。次の**ア〜エ**から1つ選び，記号で
答えなさい。（6点）
ア 征夷大将軍　**イ** 執権　**ウ** 管領　**エ** 関白

記述 (3) (1)の人物が行った太閤検地により，公家や寺社はどのような影響
を受けたか。「検地帳」という語句を用いて，50字以内で答えな
さい。（10点）

(4) (1)の人物の活躍した時代には桃山文化が発達した。城には天守閣がつくられ，城の内部のふ
すまや屏風には，華やかな色彩の絵がえがかれた。これらの城のようすにみられる桃山文化
の特色を述べた次の文章のA〜Cにあてはまる語句を，{ }から選んで答えなさい。（各7点）

経済力のあるA{農民・大名}や力のある商人が好むようなB{質素・豪華}でC{壮大・繊細}
な文化。

〔静岡－改〕

(1)		(2)	
(3)			
(4)	A	B	C

ヒント **1** (2) 2007年に世界文化遺産に登録された銀山である。
2 (1) 信長が討たれた本能寺の変は1582年。その後，豊臣秀吉が全国統一を成し遂げる。
4 (3) 検地帳に登録されたのはどのような身分の人たちかを考える。

11 江戸幕府の成立と鎖国

◎━ 重要点をつかもう

1 江戸幕府の成立

関ヶ原の戦い→徳川家康が征夷大将軍に→
大阪の陣

2 江戸幕府のしくみ

① 直轄地(幕領)400万石・幕藩体制・
武家諸法度・参勤交代

② 五人組・村役人による自治

3 貿易振興から鎖国へ

① 朱印船貿易　東南アジア各地に日本町

② 日本人の海外渡航・帰国禁止→島原・天草
一揆(島原の乱)→オランダ商館を出島へ

③ 絵踏・宗門 改

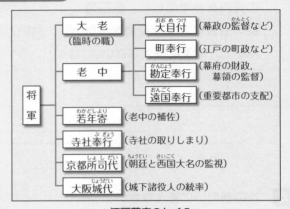

大老(臨時の職)	大目付	(幕政の監督など)
	町奉行	(江戸の町政など)
老中	勘定奉行	(幕府の財政, 幕領の監督)
	遠国奉行	(重要都市の支配)
若年寄		(老中の補佐)
寺社奉行		(寺社の取りしまり)
京都所司代		(朝廷と西国大名の監視)
大阪城代		(城下諸役人の統率)

将軍

▲江戸幕府のしくみ

Step 1 基本問題

解答▶別冊8ページ

1 年表チェック⚡ 年表の空所に適語を入れなさい。

年代	お　も　な　で　き　ご　と
1600	徳川家康が❶[　　　　]の戦いで石田三成らの西軍を破る
1603	徳川家康が征夷大将軍に任じられて江戸幕府を開く
1612	幕領でのキリスト教を禁止する
1615	❷[　　　　]の陣で豊臣氏が滅ぼされる **武家諸法度**・禁中 並 公家諸法度が制定される
1635	第3代将軍徳川❸[　　　　]が日本人の海外渡航と帰国とを禁止する **参勤交代**が制度化される
1637	❹[　　　　]がおこる
1641	オランダ商館を長崎の❺[　　　　]に移す(鎖国の完成)

Guide

💬 関ヶ原の戦い
1600年, 関ヶ原(岐阜県)で徳川家康を中心とする東軍と石田三成を中心とする西軍が戦い, 東軍が勝利した戦い。「天下分け目の戦い」ともいう。

🎓 大阪の陣
冬の陣で徳川方と豊臣方が和議を結んだが, 夏の陣で豊臣氏は滅亡した。

⚠ 島原・天草一揆(島原の乱)
天草四郎(益田時貞)を総大将にした島原(長崎県)・天草(熊本県)地方のキリシタンを中心とする百姓一揆。これをきっかけとして, 幕府によるキリスト教の弾圧が強まった。

2 [江戸幕府の成立] 次の表について，あとの各問いに答えなさい。

国宝・①彦根城築城400年祭	彦根城がつくられた時代
関ヶ原の戦いのあと，古代から交通や戦略上の要所であった彦根に彦根城が築かれて400年にあたる2007年に，彦根市で「国宝・彦根城築城400年祭」が開催された。	・徳川氏が②江戸幕府を開く。 ・幕府が大名の統制を行う。 ・豊臣氏が大阪の陣で滅ぶ。 ・③五街道が整備される。

(1) 下線部①は，井伊氏が築いた城である。井伊氏のように，関ヶ原の戦い以前から徳川氏の家臣であった大名を何というか，答えなさい。　[　　　　　　]

(2) 下線部②について，徳川氏の初代将軍の名前を答えなさい。　[　　　　　　]

(3) 1615年，大名が許可なく城を修理したり，大名家同士が無断で婚姻を結んだりすることなどを禁止する法律が制定された。この法律を何というか，答えなさい。　[　　　　　　]

(4) 下線部③は，ある都市を中心に整備された。その都市はどこか。次のア～エから1つ選び，記号で答えなさい。　[　　　　　　]

　　ア 大 阪　　イ 京 都　　ウ 江 戸　　エ 日 光

3 [鎖国] 次の文を読んで，あとの各問いに答えなさい。

①鎖国によって，東南アジア各地にあった（ X ）は衰退したが，中国や東南アジアの品物を必要としていたので，中国人やオランダ人とは②長崎で貿易を続けた。中国産の生糸や絹織物，東南アジア産の染料や象牙などを輸入し，日本からは銀を中心に輸出した。

(1) 文中の（ X ）にあてはまる語句を答えなさい。
　[　　　　　　]

(2) 下線部①の期間中，朝鮮との連絡や貿易を行った藩はどこか，答えなさい。
　[　　　　　　]

(3) 下線部②について，オランダ人との貿易は，長崎港内につくられた，右の絵の人工島で行われた。この人工島の名を答えなさい。
　[　　　　　　]

〔青森－改〕

ことば 親藩・譜代・外様
親藩は徳川氏一族の大名。譜代大名は関ヶ原の戦い以前から，外様大名は前後に徳川氏に臣従した大名。

くわしく 武家諸法度
第2代将軍徳川秀忠の時代に，大名統制のために定められたのが始まりである。城の改築などには幕府の許可が必要で，これに反した大名は領地の没収（改易）などの厳しい処分を受けた。武家諸法度は将軍の代替わりごとに新たに出された。参勤交代の制度は，第3代将軍家光の時代に制度化された。

注意 鎖国
キリスト教の禁止→ヨーロッパ船の来航を長崎・平戸のみに制限→スペイン船の来航禁止→日本人の海外渡航と帰国を禁止→（島原・天草一揆）→ポルトガル船の来航禁止→平戸のオランダ商館を長崎の出島に移した。
ただし，「鎖国」とはいえ，オランダと中国（清）とは貿易が続き，対馬を通して朝鮮や，琉球，蝦夷地との関わりも続いた。

ことば 村役人の3種類
いわば村長の庄屋（名主），助役の組頭，そして百姓代。以上合わせて村方（地方）三役という。

注意 朱印船貿易
時の権力者から朱印状（海外渡航許可証）を得た朱印船による貿易。東南アジア方面が主で，豊臣秀吉から徳川家光の時代まで続いた。

Step ② 標準問題

<table>
<tr><td>時間
30分</td><td>合格点
70点</td><td>得点
点</td></tr>
</table>

解答▶別冊8ページ

重要 **1** [幕藩体制] 次の表について，あとの各問いに答えなさい。

幕藩体制が整う	徳川家康は，江戸幕府を開いた。幕府のしくみは，第3代将軍徳川家光のころまでに整い，将軍と大名の主従関係が確立していった。	池田輝政は豊臣秀吉に仕えていたが，関ヶ原の戦いで徳川家康に従い，播磨国52万石の大名となり，現在の姫路城や城下町をつくった。

1 （9点×2−18点）

(1)	
(2)	

記述式 (1) この時期において，江戸幕府が，将軍と大名の主従関係を確立し，全国統一を維持するために行ったことは何か1つ答えなさい。

(2) この時期において，池田輝政のような，関ヶ原の戦い以後に徳川氏に従った大名を何というか。次の**ア～ウ**から1つ選び，記号で答えなさい。

ア 親藩　　**イ** 譜代大名　　**ウ** 外様大名　〔兵庫−改〕

重要 **2** [江戸幕府のしくみ] 次の各問いに答えなさい。

(1) 右の図は，江戸幕府のしくみの一部を表した図である。Ⅰにあてはまる役職を，次の**ア～ウ**から1つ選び，記号で答えなさい。

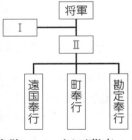

ア 大老　　**イ** 執権
ウ 管領

(2) 図のⅡにあてはまる，将軍や臨時の役職を除いて，江戸幕府の最高となる役職は何か，答えなさい。

(3) 次の資料は，江戸幕府が大名を統制するために出した法令の一部である。この法令の名称を，漢字5字で答えなさい。

資料

> 一，文武弓馬の道(学問と武道)に常に励むこと。
> 一，城を修理するときは，必ず幕府に届けること。新たに城を築くことは固く禁止する。
> 一，幕府の許可なく結婚してはならない。

(4) (3)の資料に参勤交代の制度を加えた，第3代将軍の名前を答えなさい。

〔沖縄・埼玉−改〕

2 （9点×4−36点）

(1)	
(2)	
(3)	
(4)	

ワンポイント

(1) 鎌倉幕府や室町幕府の役職と間違えないように気をつける。

(3) 将軍の代替わりごとに出された法令。最初は1615年，第2代将軍・徳川秀忠のときに出された。

3 [キリスト教弾圧] 次の文を読んで，あとの各問いに答えなさい。

3 （7点×4－28点）

(1)	X	
	Y	
(2)		
(3)		

> 江戸時代，①幕府や各藩は農民から確実に年貢を取り立てようとした。しかし，②九州で重税やキリスト教の弾圧に耐えかねた農民らが少年を大将として一揆をおこした。この一揆は幕府軍が鎮圧したが，一揆後，③キリスト教の弾圧はさらに強まった。

(1) 下線部①について，次の文は江戸時代の農村について述べたものである。文中の X ， Y にあてはまることばを，それぞれ答えなさい。

> 村には，有力な本百姓から選ばれた X ・組頭・百姓代などの村役人があって，村を治め，百姓は Y の制度によって，年貢の納入や犯罪防止などについて共同の責任を負わされていた。

(2) 下線部②について，この一揆を何というか，答えなさい。

(3) 下線部③について，キリスト教を弾圧するために使われた右の資料を何というか，答えなさい。

〔愛媛－改〕

4 [江戸時代の貿易] 次の文と絵について，あとの各問いに答えなさい。

4 （9点×2－18点）

(1)	
(2)	

> この絵は，江戸時代に貿易港として繁栄した長崎港のようすを描いたものです。多くの小舟に引かれて入港する貿易船と，絵の中央付近には（　　）の国旗が翻る出島や中国船，左には唐人屋敷も見えます。
> このように幕府は鎖国政策をとりながらも，一部の国との貿易は認めていました。

(1) 文章中の（　　）にあてはまる国名を答えなさい。

(2) 下線部について，鎖国政策のもとで幕府が貿易を認めていた藩と貿易相手国の組み合わせとして正しいものを次のア～オから1つ選び，記号で答えなさい。

ア 薩摩藩—スペイン　　**イ** 対馬藩—朝鮮
ウ 松前藩—ロシア　　**エ** 長州藩—ポルトガル
オ 肥前藩—琉球

〔洛南高－改〕

┌─ **ワンポイント** ─┐
│ (1) キリスト教を広めるおそれがないとして，貿易が認められていたヨーロッパの国。
│ (2) 出島での貿易以外に，日本は朝鮮や琉球王国，アイヌ民族と交流・交易を行っていた。
└──────────┘

12. 江戸時代の産業・社会・文化

重要点をつかもう

1 産業の発展

① 新田開発　備中ぐわなど農具の発達
　藍・綿・菜種など商品作物の栽培　養蚕
② 佐渡金山　生野銀山　別子銅山　足尾銅山
　九十九里浜のいわし漁　西南海域の捕鯨・かつお漁　蝦夷地(北海道)のこんぶ漁・にしん漁
　酒造・製塩・織物・漆器・陶磁器・鋳物など

2 町人の台頭・海運

① 株仲間　三井・鴻池などの両替商　越後屋
　「天下の台所」　蔵屋敷
② 菱垣廻船　樽廻船
　西廻り航路…日本海沿岸の酒田(山形県)を起点とし，下関を通って大阪に至る。
　東廻り航路…東北日本海沿岸から津軽海峡を通って江戸に至る。

元禄文化	● 上方中心の町人文化 井原西鶴の浮世草子，近松門左衛門の人形浄瑠璃の脚本，松尾芭蕉の俳諧，俵屋宗達・尾形光琳の装飾画，菱川師宣の浮世絵
化政文化	● 江戸中心の町人文化 川柳・狂歌，「東海道中膝栗毛」・「南総里見八犬伝」，与謝蕪村・小林一茶の俳句，喜多川歌麿・葛飾北斎・歌川(安藤)広重の錦絵

▲江戸時代の文化

Step 1 基本問題

解答▶別冊 9 ページ

1 年表チェック⚡ 枠内の空所に適語を入れなさい。

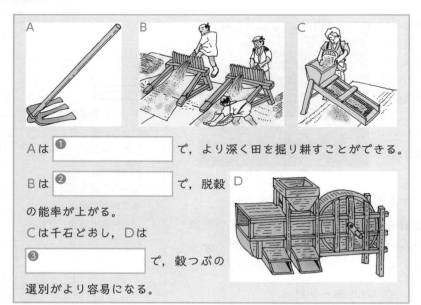

A は [①　　　　　　　] で，より深く田を掘り耕すことができる。

B は [②　　　　　　　] で，脱穀の能率が上がる。

C は千石どおし，D は
[③　　　　　　　] で，穀つぶの選別がより容易になる。

Guide

くわしく ■農業の発達
江戸時代には新田開発がさかんに行われ，豊臣秀吉の時代と比べて，田畑の面積はおよそ2倍になった。

■竜骨車・踏車
川から田への水をあげるための機具。投げつるべによるくみ上げに代わって，作業能率を向上させた。

■油かす・干鰯
江戸時代，自給肥料に代わって商品としてつくられた肥料。金肥(金銭を支払って買い入れる肥料)という。

2 [江戸時代前期の文化] 次の文を読んで，あとの各問いに答えなさい。

右は，町人の風俗を描いた浮世絵の代表作，菱川師宣の「見返り美人図」である。上方を中心に豊かな町人の文化が生まれたこの時代には，浮世草子とよばれる小説の中で，町人の生活がありのままに描かれた。また，演劇に形を整えた□が人気を高め，人形浄瑠璃の名作が人々を感動させた。

(1) 下線部の文化を何といいますか。 [　　　　　　　]

(2) □にあてはまる語句を答えなさい。 [　　　　　　　]

(3) 下線部のころに活躍した人物について述べているものを，次のア～エから1つ選び，記号で答えなさい。 [　　　]

　ア　松尾芭蕉が俳諧の芸術性を高め，新境地を開いた。
　イ　出雲の阿国が歌舞伎踊りを始め，庶民の人気を集めた。
　ウ　堺の商人の千利休が茶の湯を大成し，わび茶を完成させた。
　エ　禅僧の雪舟が明から帰国し，水墨画を大成した。

(4) (1)の文化にあてはまらないものを，次のア～エから1つ選び，記号で答えなさい。 [　　　]

　ア　近松門左衛門の人形浄瑠璃　　イ　井原西鶴の浮世草子
　ウ　滝沢馬琴の『南総里見八犬伝』　エ　俵屋宗達の装飾画

〔栃木－改〕

3 [江戸時代の農具・特産物] 次の各問いに答えなさい。

(1) 江戸時代は，右の図に見られる農具が使われた。このうち，刈り取った稲束からもみをかき落とす作業に使われたものはどれか。図中のア～エから1つ選び，記号で答えなさい。 [　　　]

(2) 次の文で述べられている都市のある都道府県名と，その都市名を答えなさい。

　都道府県[　　　　　　　]　都市[　　　　　　　]

　この都市では，江戸時代に漆器がさかんにつくられ，現代にも受け継がれている。その他，この都市のあった藩では，陶磁器の九谷焼やまき絵などの伝統産業が発達した。

〔大分－改〕

くわしく　沿岸航路の例
日本海沿岸から，西廻り航路は関門海峡を経て大阪へ，東廻り航路は津軽海峡を経て江戸へというルートをとった。菱垣廻船・樽廻船は大阪と江戸の間を往復した。

注意　見ておきたい絵
俵屋宗達「風神雷神図屏風」，尾形光琳「紅白梅図屏風」「かきつばた図屏風」，菱川師宣「見返り美人図」，喜多川歌麿の美人画，葛飾北斎「富嶽三十六景」，歌川（安藤）広重「東海道五十三次」。以上を写真で見ておこう。

くわしく　■手工業特産物の例
西陣織，桐生絹，足利絹，久留米がすり，小倉織，奈良さらし，春慶塗（飛騨・能代など），九谷焼，灘・伊丹の酒

■鉱山の貨幣
江戸時代には鉱山の採掘が進み，佐渡金山（新潟県）や生野銀山（兵庫県），別子銅山（愛媛県）や足尾銅山（栃木県）などが開発された。これをもとにして，幕府は大判・小判・一分金という金貨や，丁銀・豆板銀などの銀貨，寛永通宝などの銅貨を大量につくり，全国に流通させた。

1 [江戸時代の経済・社会] 次の各問いに答えなさい。

1 (7点×5-35点)

(1)	
(2)	
(3)	
(4)	
(5)	

(1) 18世紀になると，農民の間で綿や菜種などの農作物の栽培がさかんになった。これらのような，売ることを目的とした農作物を何というか，答えなさい。

(2) 右の絵は，千歯こきという農具である。これについて述べた文として最も適切なものを，次の**ア〜エ**から1つ選び，記号で答えなさい。

ア 口分田が不足してくると，このような道具を使って土地の開墾を行った。

イ 稲作が伝わると，種もみを水田に直接まき，このような道具で穂を摘み取って収穫した。

ウ 農具の改良が進むと，このような道具で脱穀したり，備中ぐわで深く耕したりした。

エ 農業に牛馬が使用されるようになると，このような道具を使って荘園の土地を耕した。

(3) 次の（　）に入る五街道の1つを何というか，答えなさい。

> （　　　），中山道，日光街道，奥州街道，甲州街道

(4) 右の絵は，江戸と大阪の間を往復した菱垣廻船を描いたものである。この船は大阪から江戸に（　　）・酒・しょう油・菜種油などを運んだ。（　　）にあてはまる語句を，次の**ア〜エ**から1つ選び，記号で答えなさい。

ア 木綿　**イ** 金　**ウ** 刀　**エ** 毛織物

記述式
(5) 寺子屋はおもに当時の社会のどのような人々の子どもに何を教えたか，具体的に説明しなさい。　〔福岡・福井・愛知・兵庫-改〕

2 [江戸時代の都市] 次の各問いに答えなさい。

記述 (1) 右の資料は，多くの蔵屋敷が置かれ，「天下の台所」とよばれた大阪の港のようすである。大阪が商業の中心地として栄えた理由を，おもに蔵屋敷に運び込まれたものを明らかにして簡潔に答えなさい。

(にしのみやデジタルアーカイブ)

重要 (2) (1)の資料の時代に三都とよばれた都市は，大阪以外にあと2つはどこか，2つの都市名を答えなさい。　　　〔鹿児島－改〕

2 ((1) 11点，
(2) 5点×2－21点)

(1)	
(2)	

---

3 [元禄時代] 江戸幕府が発行した貨幣に関する右の資料を見て，次の各問いに答えなさい。

(1) 元禄小判を発行したときの将軍はだれか，答えなさい。

記述 (2) 幕府が正徳小判を発行したねらいを，「質」，「物価」の2つの語句を用いて，「元禄小判に比べて，〜」の書き出しに続けて，簡潔に答えなさい。　　　〔秋田〕

資料　小判に含まれる金の割合

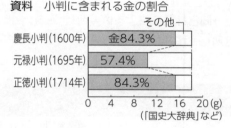

慶長小判(1600年)　金84.3%　その他

元禄小判(1695年)　57.4%

正徳小判(1714年)　84.3%

0　4　8　12　16　20(g)

(「国史大辞典」など)

3 (7点×2－14点)

(1)	
(2)(元禄小判に比べて，)	

╔═══════════════════╗
┃ **ワンポイント** ┃
┃ (2) 小判に含まれる金の割合 ┃
┃ に着目する。 ┃
╚═══════════════════╝

重要 **4** [元禄文化] 次の各文に最も関係の深い人物を，あとのア〜キから1人ずつ選び，記号で答えなさい。

(1) 大阪の町人で当時の世相を小説に描いた。

(2) 義理と人情の板ばさみに悩む男女の気持ちを，人形浄瑠璃の脚本に書いた。

(3) 町人の風俗をうつした浮世絵を始めた。

(4) 俳諧を芸術の域に高め，『奥の細道』を著した。

難問 (5) 「紅白梅図屛風」などの華やかな装飾画を描いた。

ア　関孝和　　　イ　松尾芭蕉　　　ウ　徳川光圀
エ　尾形光琳　　オ　井原西鶴　　　カ　菱川師宣
キ　近松門左衛門

4 (6点×5－30点)

(1)	
(2)	
(3)	
(4)	
(5)	

13 幕府政治の改革と行きづまり

重要点をつかもう

1 幕藩体制の行きづまりと三大改革

① 徳川吉宗の享保の改革

　このころ農村への貨幣経済の浸透・貧富の差の拡大・百姓一揆や打ちこわし→田沼意次の政治→天明のききん

② 松平定信の寛政の改革

　厳しい統制　このころから藩政改革も
　天保のききん→大塩の乱

③ 水野忠邦の天保の改革
　株仲間の解散　人返し令　倹約令
　上知令→大名の反対を受けて失敗

④ 諸藩の改革

　薩摩藩，長州藩，土佐藩，肥前藩→雄藩

2 外国船の接近とその対応

　ロシア船などの来航や接近→間宮林蔵らによる蝦夷地(北海道)や樺太などの探検→異国船打払令→渡辺崋山・高野長英らの処罰(蛮社の獄)

- **国学**
  本居宣長『古事記伝』
- **蘭学**(洋学)
  杉田玄白・前野良沢らによる**『解体新書』**の出版，シーボルト(ドイツ人の医師)
- **その他**
  関孝和(和算)，**伊能忠敬**(日本全図)，安藤昌益(封建社会を批判)

▲『解体新書』のとびら絵

▲新しい学問

Step 1 基本問題

解答▶別冊9ページ

1 年表チェック⚡ 年表の空所に適語を入れなさい。

年代	おもなできごと
1716	❶_____ が将軍になり**享保の改革**が始まる
1772	田沼意次が老中になる
1782	❷_____ のききんがおこる
1787	老中松平定信の**寛政の改革**が始まる
1792	ロシアの使節**ラクスマン**が根室に来航する
1808	イギリスの軍艦フェートン号が長崎に侵入する
1825	❸_____ 打払令が出される
1833	天保のききんがおこる(〜1839)
1837	大阪で❹_____ の乱がおこる
1841	老中水野忠邦の**天保の改革**が始まる

■享保の改革
　8代将軍徳川吉宗が始める。倹約令を出し，公事方御定書をつくって裁判の基準を示した。

■田沼意次の政治
田沼意次は**株仲間**の活動を積極的に認め，産業をさかんにしようとした。しかし，わいろ政治が横行し，さらに天明のききんをきっかけとして一揆が頻発したため，辞任した。

■寛政の改革
松平定信が行った政治改革。田沼意次とは違い，農村の復興・質素倹約を奨励する一方で，学問・出版を統制した。

2 [新しい学問] 次の文を読んで，あとの各問いに答えなさい。

> 医師で植物学者でもある（　　　）は，日本の「アジサイ」の花を「ヒドランジア・オタクサ」という学名でヨーロッパに紹介しました。この名は，彼の日本人の妻の呼び名である「オタキサン」にちなんでいるともいわれています。彼は，<u>日本地図</u>を外国に持ち出そうとしたことから，日本を追放されました。

(1) 19世紀はじめに，医師として長崎の出島に赴任（ふにん）してきた（　　　）の人物はだれですか。 ［　　　　　　　　　］

(2) 19世紀のはじめ，出島での貿易を幕府に許されていたヨーロッパの国はどこか，国名を答えなさい。 ［　　　　　　　　　］

(3) <u>日本地図</u>に関連して，幕府の命令で全国の海岸線を測量し，現在とほぼ変わらないほど正確な日本地図をつくった人物はだれですか。 ［　　　　　　　　　］

(4) 『ターヘル・アナトミア』という医学書を，前野良沢（りょうたく）らとともに訳したのはだれですか。 ［　　　　　　　　　］

〔和歌山—改〕

3 [打ちこわし・享保（きょうほう）の改革] 次の各問いに答えなさい。

(1) 右の絵は，都市に住む貧しい人々が米屋を襲（おそ）っているようすを描いたものである。このことを何というか，答えなさい。

［　　　　　　　　　］

(2) 享保の改革について述べた文として最も適切なものを，次のア〜エから1つ選び，記号で答えなさい。 ［　　　］

ア 国家の財政を安定させるため，地価の3％を地租（ちそ）として貨幣（へい）で納めさせた。

イ 生活に苦しむ御家人を救うため，徳政令を出して，領地を取り戻させた。

ウ 急増する訴訟（そしょう）や犯罪に対処するため，公事方御定書（くじかたおさだめがき）という法律をつくった。

エ 物価を引き下げるため，株仲間（かぶなかま）を解散させ，商人の自由な取り引きを認めた。

〔島根・愛知—改〕

第1章
第2章
第3章
第4章
第5章

くわしく　外国船の接近
18世紀後半から外国船が日本にしばしば接近してきた。幕府は1825年に異国船打払令（うちはらいれい）を出したが，1840年から1842年にかけてのアヘン戦争で清がイギリスに大敗したことを知って，外国船に対する態度を変えた。薪水給与令（しんすいきゅうよれい）を出し，外国船に薪（まき）と水を与えるように政策を転換（てんかん）した。

くわしく　江戸時代のききん
天明のききんは浅間山の噴火などが原因でおきた。多くの死者が出て打ちこわしや百姓一揆（ひゃくしょういっき）が頻発（ひんぱつ）した。天保のききんでは日本中が凶作となり，この影響で大塩の乱がおきた。

データ　近世における百姓一揆

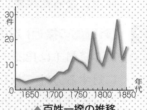

▲百姓一揆の推移

ことば　天保（てんぽう）の改革
水野忠邦（みずのただくに）は松平定信（まつだいらさだのぶ）以上に，ぜいたくの禁止に厳しく取り組んだ。また，株仲間を解散させたが，改革はうまくいかず，失敗に終わった。

注意　江戸時代の主な政治の流れ
徳川家康（いえやす）→徳川家光（いえみつ）→徳川綱吉（つなよし）→新井白石（あらいはくせき）→徳川吉宗（よしむね）→田沼意次（たぬまおきつぐ）→松平定信→水野忠邦の順番とおもな政策はよく問われる。覚えておこう。

解答▶別冊10ページ

1 [江戸幕府の改革] 右のグラフは，18世紀における幕府領の，石高と年貢収納高の推移を示している。これを見て，次の各問いに答えなさい。

(1) 享保の改革が行われた期間に，幕府領の石高は大きく変化した。この変化に影響を与えた政策として最も適切なものを，次の**ア〜エ**から1つ選び，記号で答えなさい。

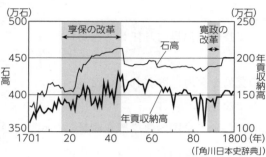

（「角川日本史辞典」）

　ア 倹約令の徹底　　　**イ** 株仲間の公認
　ウ 新田開発の奨励　　**エ** 目安箱の設置

記述式 (2) 寛政の改革では，農村を復興させて財政を立て直そうとした。グラフから考えられる，農村を復興させることで財政を立て直すことができる理由を，1780年代におこった，財政が悪化する原因になった現象に関連づけて，簡潔に答えなさい。〔静岡−改〕

2 [外国船の接近] 次の各問いに答えなさい。

記述式 (1) 次の資料1は1825年に，資料2は1842年に幕府が出した外国船に対する方針である。幕府が資料1から資料2に方針を変えるきっかけとなった外国のできごとを，関係する2か国の国名を用いて，簡潔に答えなさい。

資料1

> どこの港でも，外国船が入港するのを見たのなら，有無を言わさず，いちずに打ち払え。逃亡したら追う必要はない。捕まえるか，または打ち殺しても構わない。
> （一部要約）

資料2

> 外国船が難破して漂流し，薪や水，食糧を求めてきたとき，事情を考えず，いちずに打ち払っては失礼なので，よくようすを見て必要の品を与え，帰るように言い聞かせよ。
> （一部要約）

(2) 肥前藩や薩摩藩，長州藩は，外国船に対する軍備を強化し，大砲なども製造した。幕府の政治にも発言力を持った，これらの藩は何と呼ばれたか，漢字2字で答えなさい。〔和歌山−改〕

1 （11点×2− 22点）

(1)

(2)

ワンポイント
(1) 米の収穫量で示される石高が増えたのは，なぜかと考える。

2 （10点×2− 20点）

(1)

(2)

ワンポイント
(1) アジアでおこった，ある戦争の結果を受けて，幕府は方針を転換した。

3 [江戸時代の諸改革] 18世紀から19世紀にかけての政治に関して，次の図・資料を見て，あとの各問いに答えなさい。

図

	A	B	C	D
	享保の改革	→ 田沼時代	→ 寛政の改革	→ 天保の改革

資料

　かんしょ（サツマイモ）は中央アメリカから南アメリカ北部が原産地とされ，中国，琉球などをへて17世紀初めに九州に伝えられた。
　青木昆陽は，かんしょが稲の凶作のときにも収穫できる優れた作物であると考え，その栽培法を研究して書物に著した。そして□□にそれを提出し，関東地方でのかんしょの普及に力をつくした。

(1) 図中のA・B・C・Dそれぞれの改革の説明として正しいものを，次のア〜エから１つずつ選び，記号で答えなさい。

　ア　株仲間を解散させた。また，農民を農村に帰し，財政立て直しのため江戸・大阪近辺の土地を返上させようとした。

　イ　倹約令を出し，公事方御定書で裁判の基準を示した。

　ウ　囲い米の制度をつくり，ききんに備え米を貯えさせた。

　エ　株仲間の結成を奨励し，産業の振興を図った。しかし，わいろ政治の横行，天明のききんの影響で辞職した。

(2) 資料中の□□にあてはまる人物を，次のア〜エから１人選び，記号で答えなさい。

　ア　徳川吉宗　　イ　田沼意次
　ウ　松平定信　　エ　水野忠邦　　　　　　　　　〔大阪－改〕

4 [江戸時代の文化] 次の文を読んで，あとの各問いに答えなさい。

　化政文化が栄えたころに葛飾北斎や歌川広重が描いた□□は，海外に伝わり，ヨーロッパの絵画に大きな影響を与えた。

(1) □□にあてはまる語句を，漢字３字で答えなさい。

(2) 下線部のころのようすについて述べた文として適切なものを，次のア〜エから１つ選び，記号で答えなさい。

　ア　南蛮貿易でガラス製品が日本にもたらされた。

　イ　李参平などの朝鮮人陶工により，有田焼がつくられた。

　ウ　朱印船貿易により多くの日本人が東南アジア各地に渡った。

　エ　長崎に来たシーボルトが，多くの医学者を育てた。〔兵庫－改〕

3 （8点×5－40点）

(1)	A	
	B	
	C	
	D	
(2)		

4 （9点×2－18点）

(1)	
(2)	

ワンポイント
(1) 菱川師宣が確立した絵画の分野である。オランダの有名な画家ゴッホらも強い影響を受けた。

Step 3 実力問題②

時 間	合格点	得 点
30分	70点	点

【　　月　　日】

解答▶別冊10ページ

1 次のA〜Dの文を読んで，あとの各問いに答えなさい。(40点)

A　秀吉の死後，権力をにぎった家康は，江戸に幕府を開き，260年余り続く江戸時代の基礎を築いた。幕府は，第3代将軍家光のころまでに，_a大名統制や農民支配のしくみを完成し，さらにキリスト教を弾圧し，鎖国を行って貿易を独占するようになり，封建体制を確立していった。

B　鎖国後も幕府や諸藩では，_b農民をたがいに監視させるしくみなどを整え，町人を抑えて支配を強め，しばらく太平の世が続いた。この間，産業が一段と発展し，それにともなって，_c商品の流通や交通がさかんになり，都市が発達していった。

C　産業が発達し商業がさかんになると，18世紀前後ごろから封建社会の基礎である農村にも_d〜〜〜〜〜，幕府政治は行きづまりを見せてきた。

D　一方，太平の世が続いたころ，幕府の文治政治や鎖国の影響もあって，上方を中心に日本独特の味わいを持つ_e町人文化が生み出された。

(1) 下線a，bに最も関係の深いものを，次のア〜カから1つずつ選びなさい。(各6点)

　　ア　御成敗式目(貞永式目)　　イ　禁中並公家諸法度　　ウ　公事方御定書

　　エ　五人組　　オ　武家諸法度　　カ　徳政令

(2) 下線cについて，右の図中のX，Yにあてはまるものを，次のア〜カから1つずつ選びなさい。(各6点)

　　ア　金座　　イ　問丸　　ウ　蔵屋敷

　　エ　庄屋(名主)　　オ　問屋　　カ　五人組

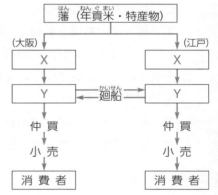

藩(年貢米・特産物)

(大阪) → X → Y → 仲買 → 小売 → 消費者

(江戸) → X → Y → 仲買 → 小売 → 消費者

Y ← 廻船 ← Y

(3) 波線dに入れる文として正しいものを，次のア〜エから1つ選びなさい。(8点)

　　ア　強力な守護の力が浸透し，荘園のしくみが崩れ始めて

　　イ　富裕な商人の力が浸透し，自給自足のしくみが崩れ始めて

　　ウ　外国資本の力が浸透し，工場制手工業のしくみが崩れ始めて

　　エ　有力な貴族や寺社の力が浸透し，土地公有のしくみが崩れ始めて

(4) 下線eの文化のようすを表している文を，次のア〜エから1つ選びなさい。(8点)

　　ア　宋・元の影響を受けて，墨やごく薄い絵の具を使う水墨画が発達した。

　　イ　力強く写実的な画風で，似絵とよばれる肖像画が描かれるようになった。

　　ウ　物語の文と絵とを交互に組み合わせた絵巻物がつくられるようになった。

　　エ　人情や風俗をたくみに描いた浮世草子が喜ばれ，人々の間で親しまれた。　　〔大分－改〕

(1)	a	b	(2)	X	Y	(3)	(4)

記述 2 江戸時代における貨幣の流通に関して，次の各問いに答えなさい。（24点）

(1) 次の資料1は，幕府が1600年以来発行してきた小判と，1695年から新しくつくりかえた小判の，1両の重量と金含有量を，それぞれ示したグラフである。また，資料2は，6代・7代将軍に仕えた儒学者の新井白石によって書かれた本の一部である。小判をつくりかえることで幕府の収入が増えた理由を，資料1・2を関連づけて，簡潔に説明しなさい。（12点）

資料1

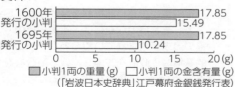

1600年 発行の小判	17.85 / 15.49
1695年 発行の小判	17.85 / 10.24

0　5　10　15　20(g)
■小判1両の重量(g) □小判1両の金含有量(g)
（「岩波日本史辞典」江戸幕府金銀銭発行表）

資料2

　先代の将軍様の時代，…(略)…元禄8（1695年）の9月から金貨や銀貨が新たにつくりかえられた。それ以来，毎年幕府が得た差額の利益は，総計で約500万両となり，…(略)…。（「折たく柴の記」現代語訳）

(2) 貨幣経済の広まりによって農村の生活はどのように変化したかを，次の資料3・4から読み取れることと関連づけて，「生活水準」の語句を使って，簡潔に答えなさい。（12点）

資料3

　昔は農村では特に銭貨が不足し，いっさいの物を銭では買わず，皆米や麦で買っていたことを，私(著者)は田舎で見て覚えている。ところが，最近のようすを聞いてみると，元禄のころより田舎へも銭が普及し，銭で物を買うようになった。（荻生徂徠「政談」現代語訳）

資料4　当時の教育の様子

〔熊本・福岡－改〕

(1)	
(2)	

3 右の地図は，鎖国のもとで国内に置かれていた4つの窓口と，それぞれの窓口を通して交易や交流を行っていた国や地域を示したものである。これを見て，次の各問いに答えなさい。（36点）

(1) （ X ）にあてはまる独立国の名を答えなさい。（12点）

重要 (2) 松前藩が交易を行っていた，蝦夷地で独自の文化を築いていた人々を何というか，答えなさい。（12点）

記述 (3) オランダ船が長崎の出島に来航したときに，幕府は風説書を提出させていた。これを提出させた幕府の目的を簡潔に答えなさい。（12点）

〔奈良－改〕

□ 国内の窓口
○ 交易や交流のあった相手の国名や地域名
← 交易や交流の関係

清　松前藩　蝦夷地
朝鮮
対馬藩
長崎　薩摩藩
オランダ　（ X ）

(1)	(2)	(3)

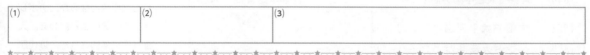

ヒント

1 (2) Aには倉庫・取引所，Bには商人の名称が入る。
2 (1) 金含有量がどのように変化したかに着目する。
3 (3) 風説書とは，海外の情報を記した報告書。

14 欧米の発展とアジア進出

重要点をつかもう

1 市民革命・産業革命

① イギリス ピューリタン(清教徒)革命→名誉革命・権利章典 産業革命→資本主義社会に

② アメリカ 独立戦争・アメリカ独立宣言→南北戦争・リンカン大統領の奴隷解放宣言

③ フランス ルイ14世の政治→フランス革命・(フランス)人権宣言→ナポレオンの皇帝即位

2 啓蒙思想

ロック「市民政府二論」, モンテスキュー「法の精神」, ルソー「社会契約論」

3 イギリスのアジア進出

① インド インド大反乱→イギリスの植民地化

② 中国(清) アヘン戦争→南京条約 太平天国の乱

4 ドイツの統一

プロイセン王国のビスマルク首相らの富国強兵策→数度の戦争に勝利し, ドイツ統一に成功

●アメリカ独立宣言(部分要約)

　我々は, 次のことを自明の真理と認める。すべての人々は, 平等につくられ, 神から一定の奪いがたい諸権利を与えられていること。それらのなかには, 生命, 自由, 幸福の追求が含まれていること。……この目的を損なう政府を改廃して新しい政府をつくることは, 人民の権利であること。

●フランス人権宣言(部分要約)

1. 人は生まれながらにして, 自由, 平等である。社会的な区別は, 公共の利益に関してのみあり得る。

3. 主権の源は, 本来, 国民のうちにある。

11. 思想および言論の自由な発現は, 人間の最も尊い権利の一つである。

▲主な史料

Step 1 基本問題

解答▶別冊10ページ

1 年表チェック⚡ 年表の空所に適語を入れなさい。

年代	おもなできごと
1642	イギリスでピューリタン(清教徒)革命がおこる(～49)
1688	イギリスで❶　　　　　　革命がおこる
	→権利章典が出される
1775	アメリカで独立戦争が始まる(～83)
1789	❷　　　　　　革命が始まる→人権宣言が出される
1840	イギリスと中国の間で❸　　　　戦争が始まる(～42)
1851	中国で太平天国の乱がおこる
1857	インド大反乱がおこる(～59)
1861	アメリカ国内で❹　　　　戦争が始まる(～65)
1871	プロイセン王国がドイツを統一し, ドイツ帝国が成立する

Guide

くわしく **アメリカ独立戦争**
アメリカの13植民地が, 本国からの独立を求めてイギリスと戦った戦争。ジョージ=ワシントンが総司令官を務め, 独立後, 初代大統領に就任した。

ことば **フランス革命**
代表的な市民革命。ブルボン王朝の絶対王政を倒して共和政となるが, ナポレオンの帝政により終わる。人権宣言に集約された, 近代民主主義への意義は大きい。

2 [市民革命] 次の資料を読んで，あとの各問いに答えなさい。

資料

> かつて，アメリカはイギリス政府による課税に反対して（ Ａ ）をおこし，独立後には人民主権や三権分立を柱とする憲法を定めた共和政の国家となりました。アメリカの（ Ｂ ）やフランスの（ Ｃ ）では人間の「平等」をうたっていますが，実際は女性には長い間選挙権が認められず，男性についても，当初は制限選挙制度を採用していました。

(1) （ Ａ ）にあてはまる語句を答えなさい。　[　　　　　　　]

(2) （ Ａ ）のできごとの時期に最も近いものを，次のア〜エから1つ選び，記号で答えなさい。　[　　　　　]

　　ア　老中の水野忠邦が政治の改革を行った。

　　イ　徳川吉宗が政治の改革を行った。

　　ウ　田沼意次が老中となり，政治の改革を行った。

　　エ　新井白石が財政の立て直しを図った。

(3) （ Ｂ ）（ Ｃ ）にあてはまる語句をそれぞれ答えなさい。

　　　　　Ｂ[　　　　　]　Ｃ[　　　　　]

(4) 下線部について，外国との戦争で活躍して国民に支持され，1804年に皇帝になった人物はだれか，答えなさい。

　　　　　　　　　[　　　　　　　]

3 [ヨーロッパのアジア侵略] 次の資料1，2を見て，あとの文章の　①　・　②　に入る適切な語句をそれぞ答えなさい。

資料1　アジアとイギリスの綿織物の輸出額

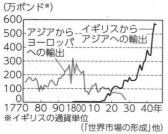
（万ポンド※）
※イギリスの通貨単位
（「世界市場の形成」他）

資料2　19世紀の中国に関する資料

> この戦争で，軍艦のほぼ半数が蒸気船であったイギリスの攻撃により，清の帆船は破壊され，敗北した。

> 資料1・2から，イギリスは他の国よりも早く　①　を実現したことで，機械で大量生産した工業製品を輸出する市場を求めてアジアに進出しており，資料2から，清は　②　でイギリスに敗北するなど，危機的状況にあったと考えられる。

　　　①[　　　　　　]　②[　　　　　　]

〔宮崎－改〕

第1章　第2章　第3章　第4章　第5章

ことば　産業革命
機械や動力の集中的発明・改良による生産力の飛躍的向上による社会の変化。資本主義社会を発展させて市民革命とともに近代社会の幕を開く。18世紀後半のイギリスで世界で最初に始まる。

注意　三角貿易
イギリスでは中国の茶が人気になり，茶の支払いのために，大量の銀がイギリスから中国に流出した。その銀を取り戻すために，イギリスは植民地にしていたインドから麻薬のアヘンを中国に密輸出した。

くわしく　アヘン戦争
三角貿易によるアヘンが国内に出回った中国がアヘンを厳しく取り締まったことから，イギリスとの間で戦争になった。この戦争にイギリスが大勝し，「眠れる獅子」と恐れられていた中国の実力のなさを欧米各国は知った。また，この戦争の講和条約として南京条約が結ばれ，中国は不平等条約を受け入れることになった。

ことば　太平天国の乱
アヘン戦争後，社会が混乱した中国で，満州民族の建てた国である清を倒し，漢民族による国をつくるなどとして洪秀全がおこした反乱。

65

Step 2 標準問題

時間 30分　合格点 70点　得点 点

解答▶別冊11ページ

重要 ① [市民革命] 次の年表を見て，あとの各問いに答えなさい。

① ((7)9点，7点×8－65点)

年代	おもなできごと
1642年	イギリスで（ ① ）革命がおこる
1688年	名誉革命がおこり，（ ② ）が出される
1690年	a「市民政府二論」が発表される
1775年	アメリカで（ ③ ）戦争が始まる
1789年	bフランス革命がおこる
1840年	cアヘン戦争がおこる
1861年	d南北戦争がおこる

(1)	
(2)	
(3)	
(4)	
(5)	
(6)	④
	⑤
	⑥
(7)	

(1) （ ① ）にあてはまる語句を答えなさい。

(2) （ ② ）にあてはまる語句を答えなさい。

(3) （ ③ ）にあてはまる語句を答えなさい。

(4) 下線部aを著した人物はだれか。人名を答えなさい。

(5) 下線部bについて，右の絵は，革命前後の税の負担を表した風刺画である。革命を支持する人々がつくろうとし

僧 貴族　石　平民　石 貴族 僧

ていた社会として，最も適切なものを，次のア～エから1つ選び，記号で答えなさい。

ア 国王や皇帝に統治の権利があり，国王や皇帝が思うままに政治を行う社会。

イ 自由・平等などの基本的人権を尊重し，人民主権の考えにもとづく社会。

ウ 労働者が労働組合をつくって団結し，労働者を中心とする社会。

エ 民族と国家の利益を最優先し，軍国主義的な独裁政治を行う社会。

(6) 次の文章は下線部cがおこった原因について述べたものである。（ ④ ）～（ ⑥ ）にあてはまる語句を答えなさい。

> イギリスでは中国の（ ④ ）が人気になり，イギリスは中国に（ ④ ）の支払いのために使っていた大量の（ ⑤ ）が国内から流出していた。この貿易での赤字を解消するため，イギリスは植民地にしていた（ ⑥ ）から，麻薬のアヘンを中国に密輸出した。

(7) 下線部 d のあとのアメリカで生じたことについて述べているものを，次のア〜エから1つ選び，記号で答えなさい。

ア　国家の分裂が避けられたことによって，工業を中心として繁栄(はんえい)する道が開かれた。

イ　太平洋岸まで領土を広げたことによって，アメリカ本国の原型ができあがった。

ウ　労働力の不足が生じたことによって，黒人奴隷(どれい)労働者の数が急速に増加した。

エ　国内産業が発展したことによって，貿易拡大のため日本と修好通商条約を結んだ。

〔岩手・鳥取-改〕

ワンポイント
(7)**ウ**の奴隷制(どれい)は，南北戦争後に廃止(はいし)された。また，**エ**の日米修好通商条約が結ばれたのは南北戦争より前の1858年のことである。

2 [産業革命] 産業革命について，次の各問いに答えなさい。

2 （7点×5 - 35点）

(1) 右の資料は，1853年に浦賀(うらが)に来航したペリーの率いる艦隊(かんたい)の船を描(えが)いた絵である。この船は，帆(ほ)に受けた風の力を利用して進む以外に，産業革命のきっかけになった動力を生み出すしくみも利用して進んだ。この動力のしくみを何というか，答えなさい。

資料

(2) 産業革命の影響(えいきょう)を，次のア〜オから2つ選びなさい。

ア　マニュファクチュア(工場制手工業)がさかんになった。

イ　重工業に続いて軽工業がおこった。

ウ　人口が都市に集中し，生活環境が悪化した。

エ　資本家と労働者が対立し，労働問題がおこった。

オ　マルクスらが資本主義の考え方をとなえた。

重要
(3) 産業革命に成功したヨーロッパ諸国は，競ってアジアに進出したが，そのおもな理由は何であったか。次のア〜オから2つ選び，記号で答えなさい。

ア　カトリックがプロテスタントに対抗(たいこう)し，勢力範囲(はんい)の拡張(かくちょう)をはかった。

イ　工業生産力の増大から，原料の供給地を求めた。

ウ　人口過剰(かじょう)の解決のために，移住先の植民地を求めた。

エ　大量に生産される製品を売る市場を求めた。

オ　戦略上，アジアに基地を必要とした。

〔奈良-改〕

(1)	
(2)	
(3)	

ワンポイント
(1)ワットが改良した動力のしくみである。工場や炭鉱でさかんに使われるようになった。

第1章　第2章　第3章　第4章　第5章

15 開国と江戸幕府の滅亡

重要点をつかもう

1 日本の開国

ペリー来航→日米和親条約（開国）→日米修好通商条約（貿易の始まり）

2 尊王攘夷運動から倒幕運動

日米修好通商条約→安政の大獄→井伊直弼の暗殺（桜田門外の変）

薩摩藩－薩英戦争

長州藩－イギリスなど四か国の連合艦隊に攻撃され，下関砲台を占領される

→坂本龍馬の仲立ちで薩長同盟

3 江戸幕府の滅亡

大政奉還→王政復古の大号令→戊辰戦争

● 日米和親条約（部分要約）

第2条　下田，函館の両港は，アメリカ船の薪水（まきと水），食料，石炭，欠乏の品を，日本にて調達することに限って，入港を許可する。

● 日米修好通商条約（部分要約）

第4条　すべて日本に対して輸出入する商品は別に定めるとおり，日本政府へ関税を納めること。

第6条　日本人に対して法を犯したアメリカ人は，アメリカ領事裁判所において取り調べのうえ，アメリカの法律によって罰すること。

▲主な史料

Step 1 基本問題

解答▶別冊11ページ

1 年表チェック⚡ 年表の空所に適語を入れなさい。

年代	お も な で き ご と
1853	アメリカの東インド艦隊司令長官 ❶ [　　　] が浦賀（神奈川県）に来航
1854	アメリカと ❷ [　　　] 条約を結ぶ
1858	アメリカと ❸ [　　　] 条約を結ぶ
1860	大老 ❹ [　　　] が暗殺される（桜田門外の変）
1862	薩摩藩士がイギリス人を殺害する生麦事件がおきる
1863	❺ [　　　] が下関で外国船を砲撃する
1866	❻ [　　　] の仲立ちで薩長同盟が結ばれる
1867	徳川慶喜が政権を朝廷に返す（ ❼ [　　　] ）王政復古の大号令が出される
1868	旧幕府軍と新政府軍の戦い（ ❽ [　　　] ）が始まる

Guide

くわしく **生麦事件**

薩摩藩主の父の行列を横切ったイギリス人を薩摩藩（現在の鹿児島県）士が殺傷した事件。これにより薩英戦争がおこった。この結果，攘夷を考えていた薩摩藩は外国の実力を知り，攘夷から倒幕へと方針を変えた。長州藩（現在の山口県）も下関砲台を外国に占領され，倒幕の考えに傾いていった。

ことば **日米和親条約**

1854年のこの条約によって日本は開国せざるをえなくなった。下田（静岡県）・函館（北海道）を開港。イギリス・ロシア・オランダとも同様な条約を結んだ。

2 [日本の開国] 次の対話文を読んで，あとの各問いに答えなさい。

> さおり：江戸時代の日本は鎖国をしていたけれど，18世紀後半に
> はロシア船が来航し，19世紀になると，アメリカやイギ
> リスの船も日本に近づくようになったのよね。
> しんご：19世紀中ごろには，（ ① ）を，数年後には，アメリカと
> （ ② ）を結び，イギリスなど4か国とも同じ内容の条約
> を結んだよ。

(1) 下線部について，こうした動きを警戒した幕府が出した命令を
何というか，答えなさい。　　　　　　[　　　　　　]

(2) （ ① ）の条約の名称を答えなさい。　[　　　　　　]

(3) （ ② ）の条約の名称を答えなさい。　[　　　　　　]

(4) （ ② ）の条約を結んだとき開港された港は，函館・神奈川(横
浜)・長崎・兵庫(神戸)と，あと1つはどこか。次の**ア～エ**か
ら1つ選び，記号で答えなさい。　　　[　　　]

　ア 下 田　　**イ** 名古屋　　**ウ** 新 潟　　**エ** 鹿児島

(5) （ ② ）の条約を結んだあと，幕府が開国に反対した大名や公家
を処罰したため，急速に高まった運動を何というか，答えなさ
い。　　　　　　　　　　　　　　　　[　　　　　　]

記述式
(6) 1886年，イギリス船のノルマントン号が和歌山県沖で沈没し，
日本人乗客全員が水死する事件がおきた。このとき，イギリス
人船長には軽い刑罰が与えられただけだった。これは②の条約
が日本にとって不利で，不平等な内容を含むためであるが，そ
の不平等な内容とは何か，2つ答えなさい。

[　　　　　　　　　　　　　　　　　　　　　　]
[　　　　　　　　　　　　　　　　　　　　　　]

〔青森-改〕

3 [幕末の日本] ペリーの来航から戊辰戦争までの期間におこっ
た次の**ア～エ**のできごとを，年代の古い順に並べかえ，記号で
答えなさい。　　　　　　　[　　→　　→　　→　　]

ア 第15代将軍徳川慶喜が政権を朝廷に返上することを申し出た。

イ イギリスはアヘン戦争で清を破り，南京条約を結んだ。

ウ 大老井伊直弼は反対派の意見を抑え，日米修好通商条約を結
んだ。

エ 薩摩藩と長州藩が，それぞれ外国艦隊と戦って敗れた。

〔茨城-改〕

ことば　日米修好通商条約
日米和親条約で開港された2港に加えて，神奈川(横浜)，新潟，長崎，兵庫(神戸)を開港した。アメリカに領事裁判権を認め，日本には関税自主権がない不平等条約だった。アメリカのほかに，オランダ，ロシア，フランス，イギリスとも同様の条約を結んだ(安政の五か国条約)。

くわしく　■尊王攘夷運動
天皇を尊び，外国勢力を追い払おうという運動。後に，攘夷を実行した長州藩などは，外国勢力の反撃で外国の実力を知り，攘夷が不可能であることを体感した。

■安政の大獄
大老の井伊直弼が行った，尊王攘夷運動の人々や自身の政治判断に反対した勢力の弾圧。吉田松陰・橋本左内らを死罪に処し，大名・公家・武士らも多数処罰した。1860年に井伊直弼は水戸藩の浪人らによって，江戸城のそばで暗殺された(桜田門外の変)。

■戊辰戦争
徳川慶喜は大政奉還したものの，新政権に影響力を残そうと考えていた。しかし，王政復古の大号令により，慶喜は官職と領地の返上を求められた。そのため，新政府軍と旧幕府軍の間に戊辰戦争がおこった。戊辰戦争は函館の五稜郭の戦いで幕を閉じた。

Step 2 標準問題

解答▶別冊11ページ

重要 **1** [江戸幕府の滅亡] 次の各問いに答えなさい。

(1) 右の写真は，薩長同盟の仲立ちをした
人物である。この写真の人物をａとし，
薩摩藩出身で幕府を倒す動きの中心と
なった人物をｂとしたとき，正しい組
み合わせとなるものを，次の**ア〜エ**か
ら１つ選び，記号で答えなさい。

ア　ａ＝福沢諭吉，ｂ＝西郷隆盛

イ　ａ＝福沢諭吉，ｂ＝岩倉具視

ウ　ａ＝坂本龍馬，ｂ＝西郷隆盛

エ　ａ＝坂本龍馬，ｂ＝岩倉具視

(2) 第15代将軍徳川慶喜は，政治を行う権利を朝廷に返上し，江戸
幕府を終わらせた。このできごとを何というか，答えなさい。

(3) (2)を受けて，西郷隆盛や岩倉具視らは朝廷を動かし，天皇の政
治に戻すことを宣言させた。この宣言を何といいますか。

(4) (3)のあとも旧幕府軍と新政府軍の争いが続いた。函館の五稜郭
の戦いで終結したこの内戦を何といいますか。　　　　〔長崎-改〕

1 (7点×4－28点)

(1)	
(2)	
(3)	
(4)	

2 [日本の開国] 右の年表は，19世紀におけるヨーロッパ諸国の
アジアへの進出と，わが国の対外関係のおもなできごとをまと
めたものである。これを読んで，次の各問いに答えなさい。

(1) ［　　　　］にあてはまる戦争
の名を答えなさい。

(2) 下線Ａと同じような条約
を，この年にいくつかの
国と結んだが，その相手
国を，次の**ア〜カ**から２
つ選び，記号で答えなさい。

ア　スペイン

イ　ポルトガル

ウ　イギリス

エ　ドイツ

オ　ロシア

カ　ベルギー

年代	おもなできごと
1824	イギリスの捕鯨船員が上陸
1825	異国船打払令を出す
1840	中国で［　　　　］がおこる
1853	東インド艦隊司令長官ペリーが浦賀に来る
1854	A 日米和親条約を結ぶ
1857	インド大反乱がおこる
1858	B 日米修好通商条約を結ぶ
1863	イギリス艦隊が鹿児島を攻撃
1864	４か国の連合艦隊が下関を攻撃
1887	フランス領インドシナ連邦成立

2 (7点×4－28点)

(1)	
(2)	
(3)	

ワンポイント

(3) この他に，日本には関税
自主権がないなど，不平
等な内容であった。

(3) 下線Bは，不平等条約といわれるが，そのことと関係のあるものを，次のア～オから1つ選び，記号で答えなさい。

ア　交戦権を放棄した。　　　　イ　国政調査権を認めた。

ウ　国家賠償請求権(ばいしょうせいきゅうけん)を放棄した。　　エ　直接請求権を放棄した。

オ　領事裁判権(治外法権)を認めた。

〔北海道－改〕

3 [幕末の動き] 幕末の日本について，次の各問いに答えなさい。

重要
(1) 1854年に結ばれた日米和親条約(にちべいわしんじょうやく)で開港したのは，函館ともう1か所はどこか。右の略地図中のア～エから1つ選び，記号で答えなさい。

記述
(2) 開国に反対の長州藩は攘夷を実行(ちょうしゅうはん じょうい)したが，あるできごとの結果，その考えを変えた。長州藩が攘夷の考えを変えたのはなぜか。右の資料を参考に，その理由を，簡潔に答えなさい。

略地図

函館

資料　1864年に長州で撮影された写真

(3) 次のア～エのできごとを年代の古い順に並べかえ，記号で答えなさい。

ア　新政府軍と旧幕府軍との間で，鳥羽・伏見(とば ふしみ)の戦いがおこった。

イ　薩長同盟(さっちょうどうめい)が結ばれ，倒幕運動(とうばく)の中心になった。

ウ　尊王攘夷運動(そんのう)が高まるなか，桜田門外の変がおこった。

エ　イギリスと薩摩藩(さつま)との間で，薩英戦争(さつえい)がおこった。

〔三重・滋賀・愛媛－改〕

4 [開国後の日本経済] 開国後の日本では，生糸・菜種油(きいと なたね)など国内の日用品の物価が上昇(じょうしょう)した。なぜ物価が上昇したのか，右下の図を参考にして，その理由を，次のア～エから1つ選び，記号で答えなさい。

ア　輸出が伸び，日用品の品不足がおこったから。

イ　安い外国製品が大量に輸入されたから。

ウ　日用品の国内需要がし(じゅよう)だいに減少したから。

エ　原料は輸入されたが，製品化が遅れたから。

幕末の貿易の動き(単位：千万ドル)

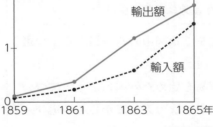
千万ドル

輸出額

輸入額

1859　1861　1863　1865年

〔島根－改〕

3 (2) 15点
他10点×2－35点

(1)	
(2)	
(3)	→　　→　　→

ワンポイント

(2) 資料は，長州藩の下関砲台が4か国の連合軍に占領された様子である。

4 (9点×1－9点)

Step 3 実力問題 ①

解答▶別冊12ページ

重要 1 次の年表を見て，あとの各問いに答えなさい。（40点）

年代	おもなできごと
1866	薩摩藩と，①長州藩が，坂本龍馬の仲立ちにより，薩長同盟を結ぶ
1867	②大政奉還が行われる
	薩摩藩の（　　）や公家の岩倉具視らのはたらきかけにより，王政復古が宣言される
1868	薩長軍を中心とする新政府軍と旧幕府軍との戦争が始まる

(1) （　　）にあてはまる人物の名を答えなさい。（10点）

(2) 下線部①について，長州藩が倒幕運動の中心となった背景に，江戸時代後期の藩政改革の成功がある。この改革について述べた文として最も適切なものを，次のア～エから1つ選び，記号で答えなさい。（8点）

　　ア　安定して年貢をとるため土地の売買を禁止するとともに，五人組を組織した。

　　イ　都市に出ていた農民を村に帰らせるとともに，出版について厳しく統制した。

　　ウ　株仲間に営業を独占させて税を納めさせるとともに，貿易をさかんに行った。

　　エ　紙やろうなど特産物の専売制を行うとともに，有能な下級武士を重く用いた。

記述 (3) 下線部②とはどのようなことか。「将軍」と「朝廷」という2つの語句を使い，簡潔に答えなさい。（12点）

(4) 下線部②を行った江戸幕府の将軍の名を答えなさい。（10点）　　　　　　　　　〔北海道・山口－改〕

(1)		(2)	(3)
(4)			

2 次の資料は，わが国の工業のあゆみに関係するある県のできごとをまとめたものである。また，右の地図中のA～Dのうちのいずれかは，その県の位置を示している。これを見て，あとの各問いに答えなさい。（24点）

資料

> この県の港が，幕末に開かれた5つの港のうちで最大の貿易港だった。外国との貿易がはじまると，安価な綿織物が大量に輸入され，国内の生産地は打撃を受けた。

(1) 資料に該当する県の位置を，地図中のA～Dから1つ選び，記号で答えなさい。（8点）

(2) このころの，わが国と貿易を始めた外国のようすについて述べているものはどれか。次のア～エから1つ選び，記号で答えなさい。（8点）　　　　　　　〔福島－改〕

ア イギリスは，インドでの大規模な反乱を鎮め，インドを完全な植民地にした。

イ フランスは，不景気に対応するため，関係の深い国々とブロック経済を行った。

ウ アメリカの人々が，イギリス本国の新しい税や弾圧に対抗し，独立を宣言した。

エ ロシアでは，パンと平和を求める民衆と兵士の反乱が続き，皇帝が退位した。

(3) 日本が開港した1850年代におこったできごとではないものを，次の**ア**〜**ウ**から1つ選び，記号で答えなさい。(8点)

ア 清政府が農民に重税を課したため，太平天国による反乱が広がった。

イ フランスで，パリを中心とする都市の民衆や農民らによる革命がおこった。

ウ 産業革命により繁栄したイギリスのロンドンで，世界最初の万国博覧会が開かれた。

〔岩手・静岡－改〕

(1)	(2)	(3)	

3 次の文を読んで，あとの各問いに答えなさい。(36点)

18世紀から，イギリスでは①綿織物業を中心に蒸気機関が導入されるなど，複数の分野で機械化・工業化が進み，やがて，社会には大規模な工場を経営する　X　と，その工場で働く多くの　Y　が現れた。　Y　は低賃金で長時間労働を強いられたが，　Y　たちが多く飲んだのが，②砂糖入りの紅茶である。このような背景などから，イギリスで茶の需要が高まった。イギリスが清から輸入する茶の量は大幅に増加し，イギリス国内の銀は一方的に清に流出していった。19世紀に入ると，イギリスはこれを打開するため，清に対して③植民地のインドを組み込んだ三角貿易を開始した。

重要 (1) 下線部①について，これを何というか，漢字4字で答えなさい。(8点)

(2) 文中の　X　と　Y　にあてはまる語句を，漢字3字でそれぞれ答えなさい。(各4点)

(3) 下線部②に関連して，茶や砂糖，香辛料などについて誤って述べた文を，次の**ア**〜**エ**から1つ選び，記号で答えなさい。(9点)

ア 16世紀にポルトガルが新大陸を植民地にし，さとうきびの大農園で砂糖を生産した。

イ 新大陸のさとうきび農園では，まず先住民が，次いでアフリカからの奴隷が使役された。

ウ 新大陸からは砂糖と銀がヨーロッパへ，ヨーロッパからは毛織物などが新大陸へ運ばれた。

エ 香辛料の主要な産地はインドや東南アジアで，ここを目指して大航海時代が始まった。

記述式 (4) 下線部③について，この三角貿易においてイギリスは，清に銀を支払う代わりに，どのようなことを行ったのか。句読点を含め，20字以内で答えなさい。(11点)

〔ラ・サール高－改〕

(1)	(2)	X	Y	(3)
(4)				

1 (3)「奉還」とは，返上すること。

2 (2)(3)日米修好通商条約が結ばれたのは1858年のこと。

3 (4)この三角貿易が原因でアヘン戦争がおこった。

16 明 治 維 新

🔃 重要点をつかもう

1 明治維新

五箇条の御誓文（↔五榜の掲示） **版籍奉還**
廃藩置県 四民平等・「**解放令**」（↔華族制度）

2 富国強兵・殖産興業と新制度

学制 徴兵令 地租改正 官営模範工場

3 新政府の外交・領土画定

① **岩倉使節団**…不平等条約の改正交渉は失敗
 →欧米の視察が焦点
② **日清修好条規 江華島事件**→**日朝修好条規**
③ **樺太・千島交換条約**…樺太全島をロシア領，
 千島全島を日本領とする
 小笠原諸島領有 沖縄県の設置
④ 北海道の**開拓 開拓使の設置**・**屯田兵**

4 文明開化

鉄道（新橋・横浜間が最初） 郵便・電信・活版印刷・太陽暦・洋風建築・洋服・牛鍋・ガス灯など。

▲文明開化のようす

▲**福沢諭吉**
「学問のすゝめ」を著した。

Step 1 基本問題

解答▶別冊12ページ

1 年表チェック⚡ 年表の空所に適語を入れなさい。

年代	おもなできごと
1868	新政府の新しい政治の基本方針が，❶[ ]という形で打ち出される
1869	諸大名が土地と人民を朝廷に返す（**版籍奉還**）
1871	**廃藩置県**が行われる ❷[ ]が欧米に向けて出発する
1872	**学制**が公布される
1873	新政府が**地租改正**に着手する ❸[ ]令が出される
1875	日本はロシアと❹[ ]条約を結ぶ
1876	日本は前年の**江華島事件**を契機にして，朝鮮に❺[ ]を認めさせる

Guide

くわしく 廃藩置県
3府302県→3府72県→3府43県。各府県の行政長官を府知事・県令（のちの知事）という。中央政府による任命制。

ことば 地租改正
国民に近代的な土地所有権を認めた（所有者に**地券**を発行）うえで，所有者に**地価の3%**（のち2.5%）を現金で課税した。国家財政安定のための税制改革である。

くわしく 樺太・千島交換条約
それまで，樺太は日露両属であった。そこで，1875年に**樺太をロシア領，千島列島全島を日本領**とする取り決めがなされた。

2 [明治の諸改革] 次の文を読んで，あとの各問いに答えなさい。

> 明治政府は1868年，①新しい政治の基本方針を示した。翌年には大名に土地と人民を返させた。そして次々に改革が進められ，新しい②教育制度や③税制などが人々のくらしに大きな影響を与えた。

(1) 下線部①について，このとき発表された方針の一部としてあてはまるものを，次の**ア〜エ**から１つ選び，記号で答えなさい。　[　　　]

　ア「和をもって貴しとし　さからうことなきを宗とせよ」
　イ「広ク会議ヲ興シ万機公論ニ決スヘシ」
　ウ「天皇ハ神聖ニシテ侵スヘカラス」
　エ「思想及び良心の自由は，これを侵してはならない。」

(2) 下線部②について，6歳以上のすべての子どもに教育を受けさせることを定めた法令で，全国に小学校がつくられるきっかけとなったものを何というか，答えなさい。

　　　　　　　　　　　　　　　　　　　　　[　　　　　]

(3) 下線部③について，地租改正によって地租は当初，地価の何％と定められたか，答えなさい。　[　　　　　]

〔山口―改〕

3 [領土・文明開化] 次の各問いに答えなさい。

(1) 次の文中の　a　・　b　にあてはまる語句をそれぞれ答えなさい。

> 明治政府は，蝦夷地を　a　と改め，開拓使とよばれる役所を置いて開拓を進めた。開拓当初は，開拓にあたりながら兵士の役割も果たす　b　が士族を中心に置かれた。

　　a[　　　　　]　b[　　　　　]

(2) 1875年に日本とロシアの間で領土に関する条約が結ばれた。この条約に関する右の風刺画で，左の人物が受け取っている島もしくは列島の名称を答えなさい。
　　[　　　　　]

(3) 明治時代のはじめ，『学問のすゝめ』を著し，自主独立の精神と学問の必要を説いて，多くの人々に影響を与えた人物の名前を答えなさい。　[　　　　　]

〔大阪・お茶の水女子大附高・茨城―改〕

くわしく 五箇条の御誓文

1868年，新政府が打ち出した新しい政治の方針。天皇が神に誓う形で示された。第1条は，「広ク会議ヲ興シ万機公論ニ決スヘシ」で始まる。

ことば 太陽暦

1872年に採用が決まった太陽暦は1873年から実施され，1日24時間，日曜日が休日と定められた。しかし，農村などでは昔ながらの暦が使われ続けた。

注意 『学問のすゝめ』

『学問のすゝめ』の中の「天は人の上に人をつくらず，人の下に人をつくらず」は欧米の人権思想をわかりやすく表現した一節として有名。

ひと休み 船中八策

幕末に坂本龍馬が示した8か条からなる新しい国家の構想。大政奉還，議会の設置，諸外国との国交樹立などがうたわれている。大政奉還は土佐藩を通して実現し，他の条項は五箇条の御誓文に受け継がれた。坂本龍馬が先進的な国家観をもっていたことがわかる。

Step 2 標準問題

解答▶別冊12ページ

1 [明治初期の諸政策] 次の(1)～(5)の各文と直接関係のあるものを，あとのア～キから1つずつ選び，記号で答えなさい。

(1) すべての国民は，名字をつけることが許され，住居の移転などが自由となった。

(2) 中央集権的な政府によって，全国が直接治められることになった。

(3) 国の税収入が安定し，財政の基盤ができた。

(4) 産業の近代化が進められ，資本主義の基礎を築いた。

(5) 経済を発展させて国力をつけ，強い軍隊をつくろうとした。

- ア 殖産興業（しょくさん）
- イ 地租改正（ちそ）
- ウ 学制の公布
- エ 廃藩置県（はいはん）
- オ 四民平等
- カ 貨幣の統一（へい）
- キ 富国強兵（ふこく）

1 (6点×5－30点)

(1)	
(2)	
(3)	
(4)	
(5)	

重要 2 [五箇条の御誓文・岩倉使節団]（ごかじょう・ごせいもん） 次の資料を読んで，あとの各問いに答えなさい。

> 一、広ク会議ヲ興シ万機公論ニ決スヘシ（おこ・ばんき・こうろん・べ）
> 一、上下心ヲ一ニシテ盛ニ経綸ヲ行フヘシ（しょうか・いつ・さかん・けいりん・う）
> 一、官武一途庶民ニ至ル迄各其志ヲ遂ケ人心ヲシテ倦マサラシメン事ヲ要ス（いっとしょみん・いた・まで・おのおのその・こころざし・と（げ）・う（ざ））
> 一、旧来ノ陋習ヲ破リ天地ノ公道ニ基クヘシ（ろうしゅう・こうどう・もとづ）
> 一、智識ヲ世界ニ求メ大ニ皇基ヲ振起スヘシ（おおい・こうき・しんき）

(1) 資料は新しい政治の方針を示したものである。これを何というか，答えなさい。

(2) 資料の下線部「智識ヲ世界ニ求メ」に関して，明治時代のはじめ，使節団が欧米諸国に派遣され，先進国の実態を視察した。この使節団の全権大使はだれか。次のア～エから1人選び，記号で答えなさい。（おうべい・はけん）

- ア 西郷隆盛（たかもり）
- イ 大隈重信（おおくましげのぶ）
- ウ 岩倉具視（ともみ）
- エ 陸奥宗光（むつむねみつ）

(3) (2)の使節団に随行して日本最初の女子留学生として海外に渡った女性たちがいる。そのうち，最年少の8歳でアメリカに留学し，帰国後，日本の女子教育に力を注いだ女性はだれか。次のア～エから1人選び，記号で答えなさい。（ずいこう・さい）

- ア 市川房枝（ふさえ）
- イ 与謝野晶子（よさのあきこ）
- ウ 樋口一葉（ひぐちいちよう）
- エ 津田梅子

2 (8点×4－32点)

(1)	
(2)	
(3)	
(4)	

┌─ ワンポイント ─┐
(1) 天皇が神に誓う（ちか）という形で明らかにされた。
(2) 大久保利通（としみち）や木戸孝允（たかよし）らが同行した。
└────────┘

(4) (2)の使節団の欧米諸国派遣のおもな目的として最も適切なもの
を，次の**ア**〜**エ**から1つ選び，記号で答えなさい。

ア ポーツマス条約の締結　　**イ** 国際連盟への加盟

ウ 日英同盟の締結　　　　　**エ** 不平等条約の改正

〔鹿児島・沖縄─改〕

3 [三大改革] 次の表は，明治政府が行った3つの改革の内容を，
それぞれ明治維新前の状況と比較してまとめたものである。こ
れを見て，あとの各問いに答えなさい。

	改革の内容	明治維新前の状況
税制	①地租改正を行い，地価を基準とした地租を納めさせた。	幕府や藩がそれぞれの領地から年貢を徴収した。
教育	②学制を公布し，すべての国民に小学校教育を受けさせることにした。	幕府の学問所や藩校で武士への教育が行われ，寺子屋では庶民に読み書きなどが教えられた。
兵制	20歳以上の（　X　）。	幕府が石高に応じて大名などに軍役を課した。

(1) 表中の下線部①により政府は収入の安定を目指
した。右の資料1は，明治時代初期の地価に対
する地租の税率を示したものである。資料に見
られる，1877年における税率の変更の原因とし
て最も適切なものを，次の**ア**〜**エ**から1つ選び，記号で答えな
さい。

資料1　（%）

年	税率
1873	3.0
1877	2.5

ア 自由党の結成　　**イ** 身分制度の廃止
ウ 外国からの圧迫　**エ** 農民による一揆

(2) 資料2は，下線部②よりあとの小学校
の就学率の推移を表したものである。
資料2から読み取れることとして誤っ
ているものを，次の**ア**〜**エ**から1つ選
び，記号で答えなさい。

資料2

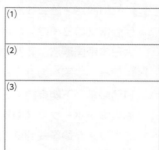

（「学制百年史」）

ア 1875年における女子の就学率は，
男子の半分以下であった。

イ 1885年には，男子の就学率が60%をこえている。

ウ 女子の就学率が最も伸びたのは，1895年から1900年である。

エ 1905年までに男女の就学率は同じになった。

記述式
🖊(3) （　X　）にあてはまる内容を，「兵役」の語を用いて，簡潔に
答えなさい。

〔奈良・徳島─改〕

3 (3) 14点
（他12点×2─38点）

(1)
(2)
(3)

💡ワンポイント

(1) 1873年の税率は，江戸時代の年貢を減らさないように定められたので，農民の税負担はほとんど変わらなかった。

17 立憲政治の始まりと日清・日露戦争

 重要点をつかもう

1 反政府の動き

士族の反乱・**西南戦争** 民衆の一揆
民撰議院設立の建白書→**自由民権運動**

2 立憲政治・議会政治の始まり

伊藤博文のヨーロッパ派遣 内閣制度
大日本帝国憲法 教育勅語 帝国議会

3 朝鮮・中国への進出と条約改正

日清戦争→**下関条約**→**三国干渉**→**日英同盟**→**日露戦争**→**ポーツマス条約**→**韓国併合**
イギリスが**領事裁判権（治外法権）**を撤廃する条約に調印…外務大臣の**陸奥宗光**
関税自主権の完全回復…外務大臣の**小村寿太郎**

▲ 列強の中国分割

凡例:
- イギリスの勢力範囲
- フランスの勢力範囲
- ドイツの勢力範囲
- ロシアの勢力範囲
- 日本の勢力範囲

0 500 1,000km

Step 1 基本問題

解答▶別冊13ページ

1 年表チェック⚡ 年表の空所に適語を入れなさい。

年代	おもなできごと
1874	**民撰議院設立の建白書**が**板垣退助**らによって出され，❶_____運動が始まる
1877	**西郷隆盛**を中心として**西南戦争**がおこる
1889	❷_____憲法が発布される
1890	第1回帝国議会が開かれる 教育勅語発布
1894	日清戦争の直前に**領事裁判権の撤廃**に成功する **日清戦争**が始まる（〜95）
1895	日清戦争に勝利して**下関条約**を結ぶが，**三国干渉**を受ける
1905	**ポーツマス条約**が結ばれて，❸_____戦争が終わる
1910	❹_____を併合して植民地化する
1911	**関税自主権**を完全に回復し，条約改正が完了する

Guide

くわしく ■**板垣退助**
高知出身。征韓論で敗れて西郷隆盛らとともに政府を去る。自由民権運動の中心的人物。自由党を結成。

■**民撰議院設立の建白書**
政府を去った板垣退助らは，大久保利通らによる専制政治を批判した。そして，国民から選ばれた（民撰）国会（議院）を開設し，国民が政治に参加できるしくみをつくることを訴えた。

■**大隈重信**
佐賀出身。政変で職を退く。立憲改進党を結成。東京専門学校（現在の早稲田大学）を創立。

2 [明治時代前期の外交] 右の略年表を見て，次の各問いに答えなさい。

(1) 年表中の**A**の時期について，次の**ア〜エ**のできごとを，年代の古い順に並びかえ，記号で答えなさい。

[　　→　　→　　→　　]

年	できごと
1858	日米修好通商条約が結ばれる……⇕A
1889	大日本帝国憲法が発布される……⇕B
1905	日露戦争がおこる………………

ア 岩倉具視を中心とする政府の使節団が，欧米に派遣された。
イ 西郷隆盛を中心にして，鹿児島の士族が西南戦争をおこした。
ウ 生麦事件の報復のために，イギリス艦隊が鹿児島を攻撃した。
エ 江華島事件を口実に，政府は朝鮮と日朝修好条規を結んだ。

(2) 次の文は，年表中の**B**の時期における日本の外交についてまとめたものである。文中の　X　にあてはまる人名と，　Y　にあてはまる語句をそれぞれ答えなさい。

> 日本が近代国家のしくみを整えたことを背景に，イギリスが，日本との条約改正に応じた。1894年，　X　が外相のときに，日英通商航海条約が結ばれ，　Y　が撤廃された。

X[　　　　　　] Y[　　　　　　] 〔埼玉・青雲高－改〕

3 [日本の近代化] 次の各問いに答えなさい。

(1) 明治時代に日本が近代国家をつくりあげる過程に関して，次の**ア〜エ**のできごとを，年代の古い順に並べかえ，記号で答えなさい。

[　　→　　→　　→　　]

ア 内閣制度が整えられ，伊藤博文が初代内閣総理大臣となった。
イ 初めての衆議院議員総選挙が行われ，第1回帝国議会が開かれた。
ウ 板垣退助らは民撰議決設立の要求を政府に提出した。
エ 大隈重信を党首とする立憲改進党がつくられた。

(2) 大日本帝国憲法に定められている内容として，最も適切なものを，次の**ア〜エ**から1つ選び，記号で答えなさい。[　　　]

ア 国会は，衆議院と参議院で構成されている。
イ 都道府県知事は，住民によって直接に選挙される。
ウ 天皇は，外国と条約を結ぶ権限を持つ。
エ 天皇は，日本国および日本国民統合の象徴である。

〔和歌山・千葉－改〕

第1章 第2章 第3章 第4章 第5章

ことば　西南戦争
明治政府の諸改革に不満をもつ士族たちが西郷隆盛を立てて起こした反乱。徴兵制によってつくられた政府軍にしずめられた。このあと反政府運動は武力によるものから言論によるものへ移っていく。

注意　近代的政治体制
内閣制度成立→大日本帝国憲法発布→第1回帝国議会開会の順である。

くわしく　大日本帝国憲法
天皇が定めて国民に与えるという形式の欽定憲法。天皇が国を統治し，陸海軍の統帥権も持つとされていた。国会は衆議院と貴族院の二院からなり，衆議院は選挙により選ばれることが定められた。「臣民」とされた国民は，法律の範囲内で権利を保障された。
また，天皇の下に国会・内閣・裁判所が置かれ，内閣は天皇を補弼する（助ける）ものとされた。

くわしく　政党の誕生
1881年，開拓使の施設を安く払い下げようとした事件をきっかけとして，政府に対する批判が強まったことを受けて，伊藤博文は9年後に国会をつくることを約束した。その後，国会開設に備えて政党がつくられるようになり，板垣退助はフランス流の自由主義を理念とする自由党を，大隈重信はイギリス流の立憲君主制を目指す立憲改進党を結成した。

Step 2 標準問題

解答▶別冊13ページ

重要 **1** [明治時代総合] 右の略年表を見て，次の各問いに答えなさい。

1 （8点×7－56点）

（1）年表中の下線部①で，政権を朝廷に返上したのはだれか。次の**ア～エ**から1つ選び，記号で答えなさい。

　　ア　大久保利通（としみち）
　　イ　水野忠邦（ただくに）
　　ウ　徳川家茂（いえもち）
　　エ　徳川慶喜（よしのぶ）

（2）年表中の X は，天皇が神に誓（ちか）うという形で新しい政治の方針を示したものである。 X にあてはまるものを答えなさい。

年代	おもなできごと
1858	日米修好通商条約が結ばれる
1867	①大政奉還（たいせいほうかん）が行われる
1868	X が出される
1874	民撰議院（みんせん）設立の建白書が出される
1877	Y がおこる
1881	②国会開設の勅諭（ちょくゆ）が出される
1889	大日本帝国憲法の発布
1890	第1回帝国議会開会
1894	日清（にっしん）戦争が始まる ………A
1895	三国干渉（かんしょう）を受ける ………B
1902	③日英同盟が結ばれる
1904	日露（にちろ）戦争が始まる ………C
1914	第一次世界大戦が始まる ………D

（3）年表中の Y は，政府に不満をもつ士族がおこした反乱であるが，政府軍によって平定された。これ以後，士族の武力による反乱は見られなくなり，もっぱら言論で政府を批判するようになった。 Y にあてはまる反乱の名を答えなさい。

（4）年表中のAのきっかけとなったものを，次の**ア～エ**から1つ選び，記号で答えなさい。

　　ア　太平天国（たいへいてんごく）の乱
　　イ　インド大反乱
　　ウ　甲午農民戦争（こうご）
　　エ　義和団事件

（5）年表中の下線部②に備え，フランス流の人民主権の考え方に立って，自由党が結成された。そのときの党首はだれですか。

（6）イギリスは，日本に対する領事裁判権（治外法権）を，あるできごとのおこる直前に撤廃（てっぱい）することを認めた。あるできごととは，年表中のA～Dのうちのどれか。1つ選び，記号で答えなさい。

（7）年表中の下線部③は，ある国に対する日本とイギリスの利害が一致したために結ばれたものである。ある国の名を答えなさい。

〔茨城－改〕

解答欄

(1)	
(2)	
(3)	
(4)	
(5)	
(6)	
(7)	

ワンポイント

（4）朝鮮でおこった反乱に対して，日本と清が朝鮮に出兵したことから，日清戦争が始まった。

（7）イギリスはこの国とアジアの利権をめぐって対立していた。

2 [日本の近代化] 日本の近代国家への歩みについて, 次の各問いに答えなさい。

(1) 明治新政府の中心人物の中で, 次のA〜Cのすべてにあてはまる人物はだれか。あとの**ア〜エ**から1人選び, 記号で答えなさい。

A	内閣総理大臣に就任した。
B	岩倉使節団に加わり, アメリカなどを視察した。
C	立憲政友会の結成に中心的な役割を果たした。

ア 大隈重信　　**イ** 木戸孝允
ウ 伊藤博文　　**エ** 板垣退助

(2) 次の文は, 右の絵について述べたものである。　X　にあてはまる語句を漢字2字で答えなさい。

　この絵には, 政府が外務卿(大臣)の井上馨を中心として行った　X　政策を象徴する場面が描かれている。

記述式
(3) 日本が近代化を推し進めて法の整備や国家のしくみを整えようとした目的は何か。右の年表を参考にし,「不平等」・「対等な関係」の2つの語句を用いて, 簡潔に答えなさい。　〔福島−改〕

年	できごと
1858	日米修好通商条約が結ばれる
1871	岩倉使節団が派遣される
1885	内閣制度ができる
1889	大日本帝国憲法が発布される
1890	第1回帝国議会が開かれる
1894	領事裁判権が撤廃される
1911	関税自主権が完全に回復される

2 (3) 10点
他5点×2−20点

(1)

(2)

(3)

ワンポイント
(3) 岩倉使節団が不平等条約の改正交渉に失敗したのはなぜかを考える。

3 [日清戦争] 次の各問いに答えなさい。

(1) 1895年に結ばれた日清戦争の講和条約の名称を答えなさい。

(2) (1)で結ばれた条約により, 日本に認められた内容に含まれるものを, 次の**ア〜エ**から1つ選び, 記号で答えなさい。

ア 韓国を保護国にし, 韓国統監府を置く。
イ 山東省のドイツの権益を日本に譲る。
ウ 樺太(サハリン)の南半分を日本の領土とする。
エ 遼東半島, 台湾を日本の領土とする。

重要
(3) 日本は, (1)によって獲得した領土を返還するよう要求された。これを三国干渉というが, この三国にあたるのはドイツ, フランスとどこの国か, 国名を答えなさい。　〔長崎−改〕

3 (8点×3−24点)

(1)

(2)

(3)

81

18 近代の産業・社会・文化

🎯 重要点をつかもう

1 日本の産業革命

① 軽工業 紡績・製糸などは日清戦争前後から

② 重工業 鉄鋼などは日露戦争前後から→官営八幡製鉄所など

2 三井・三菱・住友・安田など財閥の形成

3 労働問題・地主と小作人

労働争議・社会主義運動の高まり
→大逆事件…社会主義者の幸徳秋水ら処刑

4 足尾銅山鉱毒事件と田中正造

5 学校教育の普及

義務教育が4年(1886年)から6年(1907年)に
1910年ごろには小学校の就学率が約98%

● 自然科学
北里柴三郎・志賀潔・高峰譲吉・大森房吉・木村栄・長岡半太郎・野口英世

● 文学
坪内逍遥・森鷗外・樋口一葉・島崎藤村・夏目漱石・与謝野晶子・石川啄木・正岡子規

● 美術
フェノロサ・岡倉天心・横山大観・黒田清輝・高村光雲

● 音楽
滝廉太郎

▲明治時代の文化人

6 封建的家族制度の残存

戸主中心の家制度，男性優位，長子が単独相続

Step 1 基本問題

解答▶別冊13ページ

1 年表チェック⚡ 枠内の空所に適語を入れなさい。

Aは日本の産業革命の象徴になった官営の ❶ [　　　] である。

Bは小説『舞姫』『高瀬舟』などを書いた ❷ [　　　] である。

Cはフランス印象派の画風を日本に紹介した ❸ [　　　] が描いた絵である。

Dは歌曲「荒城の月」「花」などを作曲した音楽家の ❹ [　　　] である。

Guide

💬 **八幡製鉄所**
日清戦争による賠償金の一部などを使い，福岡県八幡村に建設された官営の製鉄所。ドイツの技術を取り入れた製鉄所で，第二次世界大戦前まで日本の鉄鋼業を支えた。

🎓 **森鷗外**
文学者・軍医。ドイツに留学。小説『舞姫』『高瀬舟』『山椒大夫』『阿部一族』などを著した。

■黒田清輝
洋画家。「読書」「湖畔」などを描いた。作品を見ておくこと。また，黒田清隆首相と混同しないこと。

2 [日本の産業革命] 次の各問いに答えなさい。

(1) 右の資料1の**ア**，**イ**は1885年と1899年のいずれかを示している。1899年を示しているのは**ア**，**イ**のどちらか。記号で答えなさい。　[　　　　]

資料1　日本の輸入総額に占める割合

	ア	イ
綿花	28.2%	2.8%
綿糸	2.3%	17.7%

(2) (1)の理由について述べた文として最も適切なものを，次の**ア**〜**エ**から1つ選び，記号で答えなさい。　[　　　　]

　ア 製糸業が発展し，製品である綿糸の割合が減少しているから。

　イ 紡績業が発展し，原料である綿花の割合が増加しているから。

　ウ 製糸業が発展し，原料である綿花の割合が減少しているから。

　エ 紡績業が発展し，製品である綿糸の割合が増加しているから。

(3) 近代工業の発達にともなって，公害問題も発生した。右の資料2は，衆議院議員として足尾銅山鉱毒事件の解決に取り組み，議員辞職後も力を尽くした人物である。この人物はだれか，答えなさい。　[　　　　]

資料2

〔鹿児島・愛媛－改〕

3 [明治時代の産業・文化] 次の各問いに答えなさい。

(1) 日清戦争の勝利により，日本に支払われた賠償金の一部などを使って建設され，1901年に操業を始めた製鉄所名を答えなさい。

[　　　　　　　　　]

(2) 次の①〜④の（　　）にあてはまる人名をそれぞれ答えなさい。

　① 『小説神髄』を著した（　　）は，その中で人生のありのままを書くべきだとし，写実主義を唱え，近代文学が誕生することになった。　[　　　　]

　② 自然主義のあからさまな写実に反対し，余裕のある態度で人生を冷静に見つめた（　　）は，『吾輩は猫である』『坊っちゃん』などを著した。　[　　　　]

　③ （　　）は，韓国併合のことを「地図の上朝鮮国にくろぐろと墨をぬりつつ秋風を聴く」と歌って悲しみを表現した。

[　　　　]

　④ 外国人教師として来日した（　　）は，日本美術の価値を認め，岡倉天心と協力して日本画の復興をはかった。

[　　　　]

〔佐賀－改〕

 田中正造
　渡良瀬川流域では足尾銅山の鉱毒が農民や漁民に大きな被害を与えていた。栃木県選出の衆議院議員だった田中正造は議会で政府を追及したが，十分な成果を得られず，ついには天皇に直訴するに至った。

注意 **■日本の産業革命**
　日清戦争前後，紡績業を中心に軽工業の分野で産業革命がおこる。重工業の発展は，日露戦争前後であることに注意。日清戦争の賠償金などを使って八幡製鉄所が建設されたことから，時期を勘違いして覚えないように注意する。

■財閥と成金
　三菱・三井・住友・安田などの財閥は明治以来，日本の経済の中心であった。一方，成金は第一次世界大戦中の好景気によって生まれた富裕層のことを指す。

 ■夏目漱石
　日本近代文学を代表する小説家。代表的作品に『坊っちゃん』『吾輩は猫である』『こころ』などがある。

■石川啄木
　歌人，詩人。代表的歌集に『一握の砂』『悲しき玩具』などがある。

Step 2 標準問題

時間 30分	合格点 70点	得点 点

解答▶別冊14ページ

1 [日本の産業革命] 次の各問いに答えなさい。

1 （8点×6－48点）

(1)	①
	②
(2)	A
	B
(3)	
(4)	

(1) 1880年代から90年代にかけて，わが国では軽工業を中心に産業革命が進んだ。次の表を見て，あとの問いに答えなさい。

わが国のある工業製品の生産量と輸出入量　　（単位 百t）

年	生 産	輸 出	輸 入	おもな輸入先	
				☐	インド
1892	384.3	0.2	145.9	96.3	49.5
1896	772.0	77.8	120.1	114.9	5.1
1900	1,165.5	375.7	54.3	54.1	0.2

（「横浜市史」など）

① 表の ☐ には，世界で最初に産業革命がおこった国が入る。その国名を答えなさい。

② 表は，何の生産量と輸出入量を示したものか。次の**ア～エ**から１つ選び，記号で答えなさい。

　　ア 綿糸　　**イ** 毛糸　　**ウ** 生糸　　**エ** 麻糸

(2) 次の文は，日本の産業革命期のようすについて述べたものである。文中の A と B にあてはまる輸出品名と国名をそれぞれ答えなさい。

> 山梨県や岐阜県の農村から，多くの若い娘たちが，長野県の工場へ働きに行きました。工場では繭から糸を取り出す仕事を，一日12時間から17時間もしました。
>
> 　それらの工場でつくられた A はおもに B に輸出され，その代金などで，最新式の軍艦や機械を輸入することができるようになりました。

(3) 日露戦争のころから，日本で発展した近代工業は何か。次の**ア～エ**から１つ選び，記号で答えなさい。

　　ア 製糸業　　**イ** 紡績業　　**ウ** 造船業　　**エ** 化学工業

(4) 日本の産業革命を背景として，運輸・鉱山・貿易・金融などの事業を多角的に経営する資本家があらわれた。三井・三菱・住友・安田などのこのような経営形態を何というか，答えなさい。

〔山形・山梨・石川－改〕

ワンポイント

(1) このころ，紡績業や製糸業が急速に発達し，大工場が次々につくられていった。

(2) 最新式の機械を取り入れた工場において，安い給料の女子労働力が生産をになっていた。

2 [重工業の発展] 次の各問いに答えなさい。

(1) 右の図は、日清戦争の賠償金などを使って建設され、1901年に操業を開始した製鉄所である。この製鉄所を何というか、答えなさい。

図

記述式
(2) 次の表は、鉄鋼について、(1)の製鉄所の生産高、全国の生産高と自給率の推移を示したものである。(1)の製鉄所について、表からわかることを、簡潔に答えなさい。

表 (5か年平均)

	図の製鉄所の生産高（万t）	全国の製鉄所の生産高（万t）	自給率（%）
1900〜1904年	1.8	2.8	13.4
1905〜1909年	7.5	8.7	22.4
1910〜1914年	19.2	22.3	36.8

※ 図の製鉄所を含む。　　　　　　　　　　　　（『近現代日本経済史要覧』）

(3) 1920年に天皇暗殺を計画したとして、幸徳秋水ら多くの社会主義者が逮捕され、裁判で多くの人が死刑判決を受けた。この事件を何というか、答えなさい。
〔和歌山－改〕

3 [女性文学者など] 次の文を読んで、あとの各問いに答えなさい。

　岩倉使節団に同行した①女子留学生が、帰国後に日本の女子教育の発展に力を尽くしました。また、女性の文学者も登場しました。□□□は戦争に出征した弟の身を案じ、「君死にたまふことなかれ」という詩を発表しました。20世紀になると、②女性解放運動や労働運動、農民運動などの社会運動が高まりました。

(1) 下線部①の女子留学生で、のちに津田塾大学の前身となる女子英学塾を創立した人物はだれですか。

(2) □□□にあてはまる人物はだれですか。

(3) 下線部②に関して、女性解放を目指して1911年に発行された雑誌を、次のア〜エから1つ選び、記号で答えなさい。また、その雑誌の発行に当初から深く関わった人物を、あとのa〜dから1人選び、記号で答えなさい。

[雑誌] ア 『青鞜』　イ 『明星』
　　　　ウ 『白樺』　エ 『女学雑誌』

[人物] a 市川房枝　b 平塚らいてう
　　　　c 正岡子規　d 樋口一葉
〔千葉－改〕

2 (2) 10点
他7点×2－24点

(1)
(2)
(3)

ワンポイント
(2) 図の製鉄所の生産高が増えるにつれて、日本の鉄鋼自給率も高くなっていることをおさえる。

3 (7点×4－28点）

(1)
(2)
(3) 雑誌
人物

Step 3 実力問題②

時間	合格点	得点
30分	70点	点

解答▶別冊14ページ

1 次の文を読んで，あとの各問いに答えなさい。(63点)

①戊辰戦争の最中に発布された五箇条の御誓文で，「広ク会議ヲ興シ万機公論ニ決スベシ」と示されたが，この「会議」の議員は国民から選挙で選ばれたものではなかった。しかし，②明治政府が進める改革が国民に負担を強いると，③政府を辞職した板垣退助たちは，議員を国民から選挙で選ぶ国会の開設を求め，自由民権運動を始めた。④西南戦争後，自由民権運動はさらに広まったため，⑤政府は1890年に国会を開くことを約束して準備を進め，⑥民権派も政党をつくり憲法案を発表して国会開設に備えた。その後，自由民権運動は一時衰えたが，1889年には大日本帝国憲法が発布され，1890年に⑦帝国議会が開かれた。

(1) 下線部①に関して，この戦争で最後まで抵抗した旧幕府軍の指導者と抵抗した場所の正しい組み合わせを，次のア〜エから１つ選び，記号で答えなさい。(9点)

ア　榎本武揚—函館　　イ　榎本武揚—会津若松

ウ　勝海舟—函館　　　エ　勝海舟—会津若松

(2) 下線部②に関して，改革の一つである地租改正について述べた文として誤っているものを，次のア〜エから１つ選び，記号で答えなさい。(9点)

ア　地租改正は全国で行われた。

イ　地租は，土地の所有者ではなく，耕作者が現金で納めるものとされた。

ウ　当初，地租は地価の３％とされた。

エ　地租改正により，地租は政府の主要な財源となり財政は安定した。

(3) 下線部③に関して，板垣退助の辞職につながった問題として正しいものを，次のア〜エから１つ選び，記号で答えなさい。(9点)

ア　不平等条約の改正問題　　イ　義務教育に関する問題

ウ　朝鮮との外交問題　　　　エ　徴兵に関する問題

(4) 下線部④の西南戦争は，おもにどこの県の士族がおこした反乱か。次のア〜エから１つ選び，記号で答えなさい。(9点)

ア　鹿児島県　　イ　熊本県　　ウ　佐賀県　　エ　山口県

(5) 下線部⑤に関して，ドイツやオーストリアで憲法を学び，帰国後に大日本帝国憲法制定の中心となった人物の名前を答えなさい。(9点)

(6) 下線部⑥に関して，このときつくられた政党と党首の正しい組み合わせを，次のア〜エから１つ選び，記号で答えなさい。(9点)

ア　自由党—大隈重信　　イ　自由党—板垣退助

ウ　憲政党—大隈重信　　エ　憲政党—板垣退助

(7) 下線部⑦に関して，帝国議会について述べた文として正しいものを，次のア〜エから１つ選び，記号で答えなさい。(9点)

ア　衆議院議員の選挙権は，直接国税を25円以上納める満25歳以上の男子に限られた。

イ　初期の衆議院議員の多くは，富裕な華族であった。

ウ　初期の衆議院では，民権派の流れをくむ政党(民党)が多数の議席を占めた。

エ　帝国議会は衆議院のみの一院制であった。

(1)	(2)	(3)	(4)	(5)	(6)	(7)

〔東海高－改〕

2 19世紀末〜20世紀はじめのできごとについて，次の各問いに答えなさい。（37点）

(1) 右のカードは，明治時代の外務大臣，小村寿太郎についてまとめたものである。次の問いに答えなさい。

> 第一次，第二次桂内閣で外務大臣になりました。1902年，日英同盟を結びました。
> また，陸奥宗光が一部回復した（　　　）について，1911年，アメリカとの間で条約を改正し，完全な回復を実現させました。

重要 記述 ① 下線部について，日本とイギリスが同盟を結んだ理由を，「南下」の語句を用いて，簡潔に答えなさい。（10点）

② （　　　）にあてはまる語句を，漢字5字で答えなさい。（7点）

(2) 次のa〜cのできごとを，年代の古い順に並べかえ，記号で答えなさい。（10点）

a　ロシアはフランスやドイツとともに，遼東半島の清への返還を日本に勧告した。

b　朝鮮半島において，東学を信仰する農民たちを中心とする勢力が反乱をおこした。

c　日本は，ロシアとの交渉の結果，満州に建設されていた鉄道の利権などを得た。

(3) 次の資料は，右の略年表が示す期間内におこったあるできごとについて，石川啄木がよんだ短歌である。このできごとはどの期間におこったか。略年表中のア〜エから1つ選び，記号で答えなさい。（10点）

資料

> 地図の上　朝鮮国に　くろぐろと
> 墨をぬりつつ　秋風を聴く

年	できごと
1876	日朝修好条規…………
	⇕ア
1894	日清戦争の開始…………
	⇕イ
1904	日露戦争の開始…………
	⇕ウ
1914	第一次世界大戦に参戦……
	⇕エ
1921	ワシントン会議に参加……

(1)	①		②
(2)	→　　　→	(3)	

〔和歌山・神奈川・奈良－改〕

ヒント **1** (3)板垣退助は，西郷隆盛とともに征韓論で敗れて政府を去った。

2 (1)①日英同盟の2年後に日露戦争が勃発することから考える。

(3)韓国併合に関する短歌である。

87

19 第一次世界大戦と大正デモクラシー

⊕ 重要点をつかもう

1 第一次世界大戦とロシア革命

三国協商↔三国同盟 バルカン半島は「ヨーロッパの火薬庫」 日本・アメリカ参戦
ロシア革命→シベリア出兵

2 戦後の国際協調

ベルサイユ条約 国際連盟 ワシントン会議

3 アジアの民族運動

二十一か条の要求→五・四運動 三・一独立運動 ガンディーの「非暴力・不服従」

4 大正デモクラシーと民衆運動

平塚らいてうらの女性運動 米騒動 原敬による本格的な政党内閣 全国水平社
普通選挙法…満25歳以上の男子に選挙権 治安維持法…社会主義運動の取り締まり

● 近代的生活と大衆文化

ラジオ放送の開始・新聞・雑誌・レコード・映画・洋食・洋服・デパート・職業婦人など

● 学問・文学

政治学…吉野作造の民本主義
憲法学…美濃部達吉の天皇機関説
文学…武者小路実篤・志賀直哉らの白樺派，芥川龍之介，小林多喜二らのプロレタリア文学

▲吉野作造

▲芥川龍之介

▲大正時代の文化

Step 1 基本問題

解答▶別冊14ページ

1 年表チェック⚡ 年表の空所に適語を入れなさい。

年代	おもなできごと
1912	第一次護憲運動がおこる
1914	オーストリアの皇太子夫妻が射殺されたサラエボ事件をきっかけに ❶ が始まる
1915	中国に二十一か条の要求を出す
1917	ロシア革命がおこり，世界最初の社会主義政権が誕生する
1918	シベリア出兵を見こした米の買い占めから米価が高騰し，❷ がおこる
1918	原敬の政党内閣がつくられる
1919	抗日民族運動として朝鮮で三・一独立運動が，中国で ❸ がおこる
1923	関東大震災がおこる
1925	❹ と治安維持法が制定される

Guide

くわしく 二十一か条の要求
第一次世界大戦によってヨーロッパ諸国のアジアに対する関心が薄れたことをきっかけとして，日本は中国に対して山東省のドイツ権益を引き継ぐこと，旅順・大連の租借期間の延長など，21項目を要求し，軍事力を背景としてその大部分を認めさせた。

ことば 米騒動
ほぼ日本全国にわたる，米価引き下げなどを要求した民衆蜂起。富山県の一漁村の主婦たちの行動がきっかけとなった。

2 [第一次世界大戦・国際協調] 次の各問いに答えなさい。

(1) 右の図は，第一次世界大戦直前の列強の関係を表している。あとのa～dの文を参考にして，図中のA～Dにあてはまる国名をそれぞれ答えなさい。

a A国の皇太子夫妻がセルビアの青年に射殺されたのをきっかけに，この戦争が始まった。 A[　　　　　]

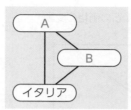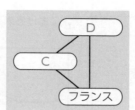

b B国が無差別攻撃をするようになったため，中立の立場だったアメリカも参戦した。 B[　　　　　]

c C国は日本とも同盟関係を結んでおり，日本はそれを理由にこの戦争に参戦した。 C[　　　　　]

d D国はこの戦争中に革命がおこり，のちに世界で最初の社会主義国家となった。 D[　　　　　]

(2) ベルサイユ条約の翌年に設立され，新渡戸稲造が事務局次長として活躍した国際機構を何というか，答えなさい。

[　　　　　　　　　] 〔三重・青森－改〕

3 [アジアの民族運動・大正デモクラシー] 次の各問いに答えなさい。

(1) 次の文は，インドの民族運動についてまとめたものである。文中の X にあてはまる国名， Y にあてはまる人名をそれぞれ答えなさい。X[　　　　　] Y[　　　　　]

> 　第一次世界大戦後，アジアやアフリカでは，民族の独立を目指す運動が高まった。インドでは，第一次世界大戦に協力すれば自治を認めるという約束を X が守らなかったため，非暴力・不服従を唱える Y の指導により，完全な自治を求める運動が高まった。

(2) 1918年に原敬は衆議院第一党の政党の党員を中心に内閣を組織した。このような内閣を何といいますか。[　　　　　]

(3) 大正時代に吉野作造は，普通選挙によって国民の意向を政治に反映させることなどを主張した。この考え方を何というか。次のア～エから1つ選び，記号で答えなさい。 [　　]

ア 三民主義　　イ 資本主義
ウ 民本主義　　エ 社会主義

〔埼玉・岐阜－改〕

ことば **ロシア革命**
　1917年。帝政が倒された二月（三月）革命と社会主義政権が樹立された十月（十一月）革命からなる。指導者はレーニン。

くわしく ■**バルカン半島**
　ヨーロッパの南東部，地中海と黒海の間に突き出た半島。ここで民族独立を目指す運動が高まるなかで，列強がこれに乗じて勢力拡大を図り，緊張した情勢が続いた。このことから，バルカン半島は「ヨーロッパの火薬庫」とよばれた。位置を地図で確認しておこう。

■**ベルサイユ条約**
1918年にドイツが降伏し，翌年開かれた講和会議で結ばれた条約。イギリスとフランスの圧力により，ドイツは巨額の賠償金の支払いと軍備縮小などが決められた。

ことば **国際連盟**
　1920年に結成。本部はスイスのジュネーブ。アメリカのウィルソン大統領の提案で，第一次世界大戦後，世界平和のために結成された。結成当時の常任理事国はイギリス，フランス，イタリア，日本の4か国であった。これにより，日本は世界の列強に名を連ねることになった。
　しかし，大国で提唱国のアメリカは議会の反対により不参加。敗戦国のドイツや社会主義国であるソ連は排除された。また，国連軍を持たず，経済制裁しかできないなど，多くの問題を抱えていた。

【　　月　　日】

	時間	合格点	得点
	30分	70点	点

解答▶別冊15ページ

1 [近代の日本の歩み] 次の年表と資料を見て，あとの各問いに答えなさい。

1 （8点×6－48点）

年代	できごと
1877	西南戦争がおこる
A	
1895	下関条約が結ばれる
1910	韓国を併合する……………①
1914	第一次世界大戦がおこる…②
B	
1920	国際連盟が設立される
1929	世界恐慌がおこる…………③

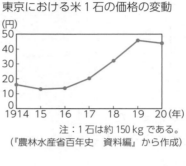

東京における米1石の価格の変動

注：1石は約150kgである。
（『農林水産省百年史　資料編』から作成）

(1)	
(2)	
(3)	
(4)	
(5)	
(6)	

(1) 年表中の**A**の時期にわが国でおこったできごとを，次の**ア～エ**から1つ選び，記号で答えなさい。

　ア　関税自主権が完全に回復される。

　イ　官営の八幡製鉄所の操業が開始される。

　ウ　学制が公布される。

　エ　自由党が板垣退助らによって結成される。

(2) 年表中の①について，この前年に独立運動家の安重根に殺害された初代韓国統監はだれか，答えなさい。

(3) 年表中の②について，第一次世界大戦の講和条約を何というか，答えなさい。

(4) 年表中の**B**の時期について，資料のように米価が変動した原因には，外国でおきた革命に対して日本がとった軍事的な行動がある。その軍事的な行動を何というか，答えなさい。

(5) 年表中の**B**の時期に，日本初の本格的な政党内閣を組織し，「平民宰相」とよばれたのはだれか，答えなさい。

(6) 年表中の②と③の間の，わが国の社会や文化について述べた文として最も適切なものを，次の**ア～エ**から1つ選び，記号で答えなさい。

　ア　洋風を取り入れた文化住宅が流行した。

　イ　郵便や電信の制度が始まった。

　ウ　東海道新幹線が開通した。

　エ　教育基本法が制定された。

〔山形－改〕

ワンポイント

(3) この条約により，ドイツはすべての植民地を失い，巨額の賠償金が課された。

(4) 「外国でおきた革命」とは1917年のロシア革命のこと。この革命の波及を恐れて，欧米諸国や日本はロシアに対して軍事行動をおこした。

2 [第一次世界大戦と日本] 大正時代についてまとめた次の文を
読んで，あとの各問いに答えなさい。

> 　A第一次世界大戦によって，B日本の経済は好況になった。
> Cデモクラシーが唱えられ，社会運動が広がり，部落差別からの解
> 放を目指して，京都では（　D　）が結成された。

(1) 下線部Aについて，次の問いに答えなさい。

① 第一次世界大戦は，当時「ヨー　**略地図**
ロッパの火薬庫」とよばれてい
た半島でおこった事件をきっか
けに始まった。この半島の場所
を，右の略地図中の**ア〜エ**か
ら1つ選び，記号で答えなさい。

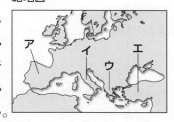

② 第一次世界大戦の講和を目的に開催されたパリ講和会議で
決定されたことについて述べた文として誤っているものを，
次の**ア〜エ**から1つ選び，記号で答えなさい。

ア 日本は，アメリカやイギリスなどとともに，海軍の主
力艦の保有量を制限されることになった。

イ ドイツは植民地を失い，領土を縮小され，巨額の賠償
金を課された。

ウ ウィルソン大統領の提案に基づき，国際連盟が設立さ
れることとなった。

エ 日本は，山東省におけるドイツの利権や，太平洋にお
けるドイツ領南洋諸島に対する委任統治権を得た。

記述式
(2) 下線部Bの原因について，次の資料中のXの時期における日本
の輸出額と輸入額の関係に着目し，簡潔に答えなさい。

資料

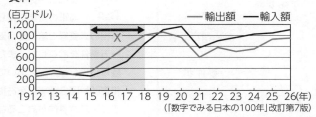

（「数字でみる日本の100年」改訂第7版）

重要
記述式
(3) 下線部Cについて，1925年に成立した普通選挙法では，どのよ
うな人に選挙権が与えられたか。簡潔に答えなさい。

(4) 文中の（　D　）にあてはまる組織を答えなさい。

〔青森・愛光高・山口一改〕

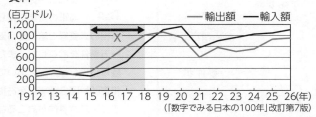

2 (2)(3)各14点×2
他8点×3一 52点

(1)	①
	②
(2)	
(3)	
(4)	

ワンポイント

(3) 輸出額と輸入額のどちら
が上回っているかを見て，
好況の原因と結びつける。

第1章 第2章 第3章 第4章 第5章

20 世界恐慌と日本の中国侵略

重要点をつかもう

1 世界恐慌

ニューヨークで株価が暴落→**世界恐慌**に

アメリカ…**ニューディール**(新規まき直し)　ルーズベルト大統領

イギリス・フランス…**ブロック経済**

ドイツ・イタリア…**ファシズム**の台頭

ソ連…五か年計画

2 満州事変から日中戦争へ

関東大震災・昭和恐慌→**柳条湖事件**をきっかけに満州を占領(**満州事変**)→**リットン調査団**→国際連盟を脱退

3 軍部の台頭・日中戦争

五・一五事件　**二・二六事件**
盧溝橋事件→**日中戦争**→**国家総動員法**

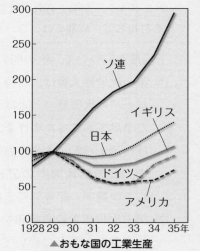

▲おもな国の工業生産
(1929年＝100とした場合の指数)

Step 1 基本問題

解答▶別冊15ページ

1 年表チェック⚡ 年表の空所に適語を入れなさい。

年代	おもなできごと
1929	アメリカで株価が暴落し，❶[　　　　]がおこる
1931	日本の関東軍が**満州事変**をおこす
1932	❷[　　　　]事件で，犬養毅首相が暗殺される
1933	アメリカで❸[　　　　]が始まる
	ドイツで**ナチス**を率いる❹[　　　　]が首相になる
1936	首相官邸などが占拠される❺[　　　　]事件がおこる
1937	**盧溝橋事件**をきっかけとして**日中戦争**が始まる 中国国民党と中国共産党が抗日民族統一戦線を結成する
1938	❻[　　　　]法が定められる

2 [満州事変] 次の文を読んで，あとの各問いに答えなさい。

経済危機打開のため，<u>1932年につくられた国</u>を足場に日本は中国に進出しました。

この国には，多くの日本人が開拓団として渡っていきました。1945（昭和20）年8月8日にソ連の参戦などがあり，太平洋戦争終結後も日本に帰国できず，多くの開拓民がこの地で亡くなりました。

1930年代後半の東アジア

(1) 下線部の国名を答えなさい。 [　　　　　　　]

(2) 日本が強制的に建国したこの国の位置を，地図上の**ア〜エ**から1つ選び，記号で答えなさい。 [　　　　　　　]

(3) (2)に関連して，日本軍がこの地でおこした事件を何というか，答えなさい。 [　　　　　　　]

(4) この事件の真相を調査するため，国際連盟から派遣された組織を何というか，答えなさい。 [　　　　　　　]

〔山梨－改〕

3 [世界恐慌に対する各国の対応] あとの各問いに答えなさい。

	世界恐慌に対する各国の動き
イギリス	インドなどの<u>植民地と本国の関係を強め，他国を排除する貿易</u>を進めた。
A国	軍部の力が強くなり，満州などへの勢力拡大を進めた。
B国	独裁者の支配の下，国民の言論の自由を奪い，再軍備を進めた。
アメリカ	大統領の指導の下，国内の公共事業をおこし，失業者を救済した。

(1) 表中のAとBにあてはまる国名をそれぞれ答えなさい。

　　A[　　　　　] B[　　　　　]

(2) 下線部のような経済政策を何というか，答えなさい。

　　[　　　　　　　]

(3) 「五か年計画」を掲げて計画経済を進め，世界恐慌の影響を受けることなく発展を遂げた国はどこか，答えなさい。

　　[　　　　　　　]

第1章 第2章 第3章 第4章 第5章

くわしく　満州事変

当時の中国では失われた権益を回復しようとする運動がさかんになっていた。一方で，日本国内では日露戦争で多大な犠牲を払って確保し，多くの費用を費やしている権益のため，「満蒙は日本の生命線である」という認識があった。旅順・大連や南満州鉄道を警備する日本の関東軍は満州を中国から切り離そうと，独断で南満州鉄道を爆破する柳条湖事件をおこし，満州を占領した。

ことば　リットン調査団

国際連盟が満州事変の真相を調べるために送った組織。この調査のあと，日本軍に対して満州からの撤兵が勧告されたが，日本はこれに反発して1933年に国際連盟から脱退した。

くわしく　■世界恐慌

アメリカのニューヨーク株式取引所の株価の大暴落をきっかけに世界中に不況の波が広がった。この日はのちに「暗黒の木曜日」とよばれるようになった。

銀行や工場は倒産し，農作物の価格が急落し，失業者が町にあふれるなどした。このような混乱が，アメリカだけでなく世界中に広まったことから，世界恐慌という。

■五か年計画

スターリン率いるソ連では「五か年計画」という経済政策が行われており，世界恐慌のなかでただソ連だけが不況に陥らなかった。

Step 2 標準問題

解答▶別冊15ページ

1 [世界恐慌] 次の各問いに，記号で答えなさい。

(1) 1921〜1922年にかけての会
議で軍縮などが話し合われ，
日本など数か国間で海軍の
主力艦を制限する条約など
が結ばれた。この会議が行
われた都市は，右の略地図
中A〜Dのどれですか。

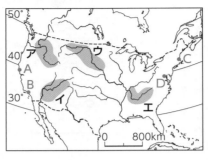

(2) アメリカは世界恐慌を克服するため，1933年ニューディール（新
規まき直し）の1つとしてTVA（テネシー渓谷開発公社）を設
け，テネシー川流域の総合開発を行った。その開発地域は，上
の略地図中ア〜エのうちのどれですか。

(3) 世界恐慌の影響を受けた国々は，いろいろな対応策をとった。
その1つは，次のア〜エのうちのどれですか。

ア　ドイツはオーストリア・イタリアと三国同盟を結んだ。

イ　イギリスやフランスはブロック経済の体制をつくった。

ウ　日本は国際連盟を脱退した。

エ　中国の孫文が辛亥革命をおこした。　　　　　　〔福岡－改〕

2 [日中戦争と戦時体制] 昭和時代初期の政治や社会のようすに
ついてまとめた次の文章を読んで，各問いに答えなさい。

> 軍部が政治への影響力を強め，A日中戦争が始まった。戦争が長
> 引くと，生活必需品の生産が圧迫を受け，砂糖，マッチ，木炭な
> どは切符制となり，米は（　B　）制となった。

(1) 下線部Aについて，次の各問いに答えなさい。

① 日中戦争の前におこった，次のア〜エのできごとを年代の
古い順に並べかえ，記号で答えなさい。

ア　陸軍の将校が首相官邸や警視庁を襲撃する二・二六事
件がおこった。

イ　首相の犬養毅が海軍の将校によって暗殺される五・一
五事件がおこった。

ウ　国際連盟の勧告に反発した日本は，国際連盟を脱退した。

エ　日本政府はロンドン海軍軍縮会議に参加し，軍縮条約
を結んだ。

---

1 （9点×3− 27点）

(1)	
(2)	
(3)	

📖 ワンポイント

(1) アメリカの首都で，東海
岸に位置する。

(3) 植民地の多いイギリスや
フランスは，植民地以外
の外国商品に対する関税
を高くした。

2 （9点×5− 45点）

(1)	①	→　　　→　　　→	
	②		
	③	X	
		Y	
(2)			

📖 ワンポイント

(1) 1930年のロンドン海軍軍
縮会議以降，軍部は内閣
への不満を高めていった。

重要 ② 日中戦争が長引くにつれて，日本の政府は国民を戦争に動員する戦時体制を強めていった。国の産業や経済，国民の生活のすべてにわたって戦争に動員できるようにするために，1938年に公布された法律を何というか，答えなさい。

③ 日中戦争のころの中国のようすを述べた次の文中の X には政党名を，Y には人物名をそれぞれ答えなさい。

> 日中戦争がおこるころの中国では，蔣介石（しょうかいせき）が率いる X と，Y が率いる中国共産党（チャンチェシー）が対立し，内戦が行われていた。しかし，戦争が始まると，この2つの政党は，協力し合って日本と戦うことを決めた。

(2) 文中の（ B ）にあてはまる語句を，漢字2字で答えなさい。

〔青森・福島－改〕

3 [世界恐慌（きょうこう）への対応] 次の各問いに答えなさい。

(1) 右のグラフのP～Sは，世界恐慌前後のアメリカ，イギリス，ソ連，日本のいずれかの鉱工業生産指数の推移を示している。このうちPはどの国を示しているか。その国名を答えなさい。

グラフ 国別の鉱工業生産指数の推移

注　1929年における各国の鉱工業生産額を100としたときの指数で表している。
（「本邦主要経済統計」）

記述 (2) 次のメモは，ブロック経済についてまとめたものであり，資料は，各国の関税率の変化を示したものである。ブロック経済が，第二次世界大戦の原因となる国家間の対立を生み出したといわれる理由を，「国際協調」と「経済回復」の2つの語句を用いて，簡潔に説明しなさい。

メモ

> 世界恐慌に対して，イギリスでは，本国と植民地や，関係の深い国・地域との貿易をさかんにしようと，外国の商品に高い関税をかけて閉め出す政策を行った。この政策はブロック経済といわれた。

資料 各国の関税率の変化（%）

	1926年	1931年
イギリス	4	10※
フランス	12	38
ドイツ	12	40
アメリカ	29	53
日本	16	24

※イギリスのみ1932年のデータ
（「近代国際経済要覧」他）

〔長崎・大分－改〕

3 (1) 10点
(2) 18点－28点

(1)

(2)

ワンポイント
(2) メモと資料から，ブロック経済が国際協調よりも自国経済を優先する政策であることを読み取る。

21 第二次世界大戦と日本の動き

重要点をつかもう

1 第二次世界大戦

〈ドイツ〉 独ソ不可侵条約→ポーランド
侵攻→第二次世界大戦始まる
ユダヤ人虐殺・パリ占領

2 太平洋戦争へ

〈日本〉 日独伊三国同盟・日ソ中立条約
→ハワイの真珠湾のアメリカ軍基地を急
襲→太平洋戦争始まる

3 日本の降伏

アメリカ軍の沖縄占領→ポツダム宣言→
広島，長崎に原子爆弾→無条件降伏

◀ムッソリーニ（イタリア・左）
とヒトラー（ドイツ・右）

◀ヤルタ会談のチャーチル（イ
ギリス首相・左）・ルーズベ
ルト（アメリカ大統領・中
央）・スターリン（ソ連共産
党書記長・右）

▲この時代の主要人物

Step 1 基本問題

解答▶別冊16ページ

1 年表チェック⚡ 年表の空所に適語を入れなさい。

年代	おもなできごと
1939	独ソ不可侵条約→ドイツが ❶_____ に侵攻
1940	**日独伊三国同盟**が結ばれる
	政治団体が解散し，❷_____ が結成
1941	❸_____ 条約が結ばれる
	大都市で配給制度が始まる
	日本が ❹_____ の真珠湾米軍基地を奇襲
1942	ミッドウェー海戦に敗北
1943	学徒出陣始まる
1944	学童の集団疎開が始まる
1945	ドイツが無条件降伏
	アメリカ軍が ❺_____ を占領
	広島・長崎に**原子爆弾**が投下される
	日本が ❻_____ 宣言を受諾し，降伏する

Guide

くわしく 第二次世界大戦

ヒトラー率いるドイ
ツはソ連と不可侵条約を結び，
ポーランドに侵攻した。その
後，パリを占領した。日本は
このドイツの戦いぶりを見て，
ドイツと手を組むことにした
（日独伊三国同盟）。1941年に
は不可侵条約を結んでいたソ
連を攻め，戦争はヨーロッパ
全土におよんだ。

ことば 枢軸国と連合国

日本・ドイツ・イタ
リアのファシズム陣営を枢軸
国，アメリカ・イギリス・ソ
連などの反ファシズム陣営を
連合国という。

2 [日中戦争から太平洋戦争へ] 次の文を読んで，あとの各問い
に答えなさい。

> A1940年から翌年にかけて，日本はハノイをはじめとする東南ア
> ジアに軍を進め，長期化したB日中戦争の行きづまりを打開しよう
> とした。このような日本の行動を警戒し，□□□□などは石油の輸
> 出禁止を行った。

(1) 下線部Aの年，日本ではほとんどの政党や政治団体が戦争の協
力組織にまとめられたが，その組織を何というか，答えなさい。
[   ]

(2) 下線部Bについて，日中戦争が始まると，中国では日本に対抗
する統一戦線が結成されたが，それは中国国民党と何党の提携
によるものか，答えなさい。 [   ]

(3) □□にあてはまる国を，次のア〜エから1つ選び，記号で答え
なさい。 [   ]

ア ソ連　　イ ドイツ　　ウ アメリカ　　エ イタリア

(4) 次のX〜Zは，太平洋戦争が始まるまでのおもなできごとであ
る。X〜Zを古い順に並べかえ，記号で答えなさい。

[→   →   ]

X 日独伊三国同盟を結ぶ。　　Y 独ソ不可侵条約を結ぶ。
Z 日ソ中立条約を結ぶ。 〔京都－改〕

3 [第二次世界大戦と日本] 次の各問いに答えなさい。

(1) 次の文中のX・Yにあてはまる語句をそれぞれ答えなさい。

> 軍備拡大をすすめていたナチスドイツは，1939年8月に X
> 条約を締結すると，翌9月に Y に侵入した。これを受けてイ
> ギリス・フランス両国はただちにドイツに宣戦，第二次世界大
> 戦が始まった。

X[   ] Y[   ]

(2) 1930年代から1940年代におこった次のア〜エのできごとを，年
代の古い順に並べかえ，記号で答えなさい。

[→   →   →   ]

ア アメリカ軍が沖縄に上陸し，沖縄戦が始まる。
イ 日本が国際連盟を脱退する。
ウ 日独伊三国同盟が結ばれる。
エ 北京郊外での日本軍と中国軍との衝突をきっかけに，日中
戦争が始まる。 〔市川高・高知－改〕

くわしく **石油の禁輸**
アメリカをはじめとする国々は，日本への石油の輸出を禁止した。石油のほとんどをアメリカからの輸入に頼っていた日本は，非常に苦しい立場に立たされた。当時，中東ではなくアメリカが世界第一位の石油の産出国だった。

ことば **創氏改名**
日本は植民地の人々に対して「皇民化政策」を強制した。このうちの一つに，朝鮮の人に日本式の名を名乗らせる創氏改名があった。

くわしく **■国家総動員法**
この法律によって，政府は議会の承認を経ずに国民生活のすべてを戦争に動員する権限を持った。戦争に向けた軍需品の生産が優先されたため，生活必需品が不足した。そのため，砂糖，マッチなどが切符制となり，米は配給制となった。

■原子爆弾の投下
広島には，1945年8月6日にB29爆撃機が原子爆弾を投下した。現在の原爆ドームは，この爆心地付近にあった建物である。長崎にも，1945年8月9日に原子爆弾が投下された。

■日本の降伏
8月14日，ポツダム宣言を受け入れ，日本は無条件降伏した。8月15日，天皇が国民に対してラジオ放送で日本の敗戦を伝えた。この8月15日は終戦記念日となっている。

Step 2 標準問題

時間 30分　合格点 70点　得点 点

解答▶別冊16ページ

1 [第二次世界大戦] 次の各問いに答えなさい。

(1) Lさんは，太平洋戦争中（1941〜1945年）におこったできごとに関する当時の新聞の見出しを図書館で集めた。次の□□□中のX〜Zの見出しを古い順に並べかえたものとして最も適切なものを，あとの**ア〜エ**から1つ選び，記号で答えなさい。

> X 「広島へ新型爆弾」
> Y 「日独伊三国同盟成る」
> Z 「帝国，米英に宣戦を布告」

ア X→Z→Y　　**イ** Y→X→Z
ウ Y→Z→X　　**エ** Z→Y→X

(2) 1945年7月，連合国の代表がドイツのある都市で会議を持ち，日本に対して無条件降伏を求める宣言を行った。その都市名を，次の**ア〜エ**から1つ選び，記号で答えなさい。

ア ベルリン　**イ** ポツダム　**ウ** キール　**エ** ケルン

(3) (2)の宣言に参加していた国は，中国とのちに参加したソ連のほかに2か国あります。それはどこか，すべて答えなさい。

(4) 第二次世界大戦で敗れた日本，ドイツ，イタリアの3か国を，降伏するのが早かった順に並べかえるとどのようになるか。次の**ア〜エ**から1つ選び，記号で答えなさい。

ア ドイツ→イタリア→日本　　**イ** イタリア→ドイツ→日本
ウ イタリア→日本→ドイツ　　**エ** 日本→イタリア→ドイツ

〔神奈川・沖縄―改〕

1 （9点×5－45点）

(1)	
(2)	
(3)	
(4)	

ワンポイント

(1)「帝国」とは日本のこと。日本はハワイの真珠湾の米軍基地を攻撃するとともに，イギリス領マレー半島に上陸し，アメリカ・イギリスとの戦争が始まった。これによって，第二次世界大戦は日・独・伊の枢軸国と米・英・ソの連合国の戦いとなった。

---

2 [太平洋戦争中の日本] 次の各問いに答えなさい。

記述式

(1) 資料1は，太平洋戦争中のようすを描いた絵である。女子生徒が授業を受けずに工場で働いたのはなぜか。資料2と関連づけて，「労働力」の語句を使って，簡潔に説明しなさい。

資料1　工場で働く女子生徒

資料2　陸海軍の兵士の数の推移

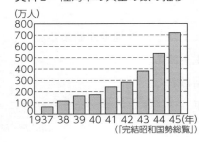

（万人）
800
700
600
500
400
300
200
100
1937 38 39 40 41 42 43 44 45（年）
（「完結昭和国勢総覧」）

2 （(1) 10点
(2) 9点×3－37点）

(1)		
(2)	まとめ	
	資料	

(2)「なぜ太平洋戦争中に小学生の疎開が行われたのか？」という
テーマについて，右の【レポート】を作成した。【レポート】の［ま
とめ］として最も適切なものを，次のア～ウから1つ選び，記
号で答えなさい。また，［まとめ］を作成するために［使用した
資料］として適当なものを，あとの［収集した資料］のカ～コか
ら2つ選び，記号で答えなさい。

ア　軍事施設や工場などがある都市は危険だったため，地方の
　　農村に避難する必要があったから。

イ　米などの生活物資の集まる都市は，食糧や日用品が豊富で，
　　手に入りやすかったから。

ウ　戦争による好景気にわく都市には多くの仕事があり，家族
　　でくらしやすかったから。

【レポート】

［テーマ］
なぜ太平洋戦争中に小学生の疎開が行われたのか？
［まとめ］

［使用した資料］

ワンポイント

(2) 小学生の集団疎開は，都
市への空襲を避けるため
に行われた。資料は，太
平洋戦争中のものを選ぶ。

［収集した資料］

カ

爆撃される都市の写真

キ

名古屋での米騒動を描いた絵

ク
250
物価指数230
賃金指数157
200
150
100
実質賃金指数68
50
0
1914　15　16　17　18年
(注1) それぞれの指数は1914年を100と
したときのもの
(注2)「実質賃金指数」…物価上昇を踏まえ
た賃金の変動を示す指数
大戦景気中の物価や
賃金に関するグラフ

ケ

死者数	主な都市名
10,000人以上	東京(区部)，大阪，広島，長崎
5,000～9,999人	名古屋，神戸
1,000～4,999人	仙台，横浜，呉，八幡，佐世保，鹿児島など

空襲での被害に
関する資料

コ

農村から都市に向かう
人々を描いた風刺画

〔富山・佐賀－改〕

3 ［第二次世界大戦］第二次世界大戦中のできごとについて説明
した次のア～オの文を古い順に並べかえたとき，1番目と3番
目にあたるものを，1つずつ選び，記号で答えなさい。

ア　ルーズベルトとチャーチルが大西洋憲章を発表した。

イ　アメリカ・イギリス・ソ連の3か国がヤルタ会談を行った。

ウ　ミッドウェー海戦で敗北し，日本の戦況が劣勢となった。

エ　真珠湾攻撃をきっかけに，アジア・太平洋戦争が始まった。

オ　フランスがドイツに降伏し，ドイツの占領が始まった。

〔石川－改〕

3 （9点×2－18点）

1番目	
3番目	

Step 3 実力問題①

時間 **30**分　合格点 **70**点　得点 点

解答▶別冊16ページ

重要 **1** 右の略年表を見て，次の各問いに答えなさい。（44点）

(1) 略年表中の①について，この国際機関の設立を提案したアメリカ大統領を次の**ア～エ**から1人選び，記号で答えなさい。（8点）

年	できごと
1920	国際連盟発足……………①
1931	柳条湖事件勃発…………② リウティアフー
1945	第二次世界大戦終戦……③

　ア ウィルソン　　**イ** リンカン

　ウ ルーズベルト　**エ** ワシントン

記述式 難問 (2) 略年表中の①～②の時期について，日本では1920年代前半に重化学工業が一時的に停滞した時期がある。大戦が終わりヨーロッパ諸国の経済が回復したため，日本の造船業が振るわなくなったことがその理由の一つである。造船業の不振には，1920年代前半に開催された国際会議の影響もあった。その国際会議の名称と，そこで決定された内容を，合わせて20字以内で説明しなさい。（12点）

(3) 次のA～Cの文章は，略年表中の②～③の間のできごとについて説明したものである。（ Ⅰ ）～（ Ⅲ ）にあてはまる人名や語句を，それぞれ答えなさい。（各8点）

A　1932年5月に，海軍の青年将校らが首相官邸などを襲い，（ Ⅰ ）首相を射殺した。この五・一五事件によって，政党内閣の時代は終わりを告げた。

B　1938年，軍部の強い要求により，政党や経済界の反対をおさえて，国家総動員法が制定された。これによって政府は，（ Ⅱ ）の議決を経ずに，戦争遂行のために必要な人や物資を動員できるようになった。

C　1940年には，ほとんどの政党や政治団体が解散して，（ Ⅲ ）にまとめられた。（ Ⅲ ）の下には，大日本婦人会や隣組などさまざまな組織がつくられ，国民の動員に大きな役割を果たした。

〔市川高－改〕

(1)		(2)	
(3)	Ⅰ	Ⅱ	Ⅲ

---

2 次の各問いに答えなさい。（30点）

(1) わが国では，大正デモクラシーの風潮の中で民衆運動が高まりを見せたが，この時期の民衆運動としてあてはまらないものはどれか。次の**ア～エ**から1つ選び，記号で答えなさい。（8点）

　ア 女性の政治活動の自由などを求める，新婦人協会が設立された。

　イ 差別からの解放を目指す運動が進められ，全国水平社が結成された。

　ウ 小作料の減免を要求する小作争議がおこり，日本農民組合が結成された。

　エ 自由民権運動が全国に広がるなかで，国会期成同盟が結成された。

記述式

(2) 1929年，ニューヨークでの株価大暴落をきっかけとして，1930年代には全世界が長期間の不景気に見舞われた。このとき，アメリカはルーズベルト大統領の下でニューディールを行ったが，これはどのようなものであったか。「公共事業」と「失業者」という2つの語句を用いて，30字以内で答えなさい。(14点)

(3) 次の文は，1940年ごろの東アジアのある地域について述べたものである。この地域は，右の略地図中にア〜エで示した地域のうちのどこか。1つ選び，記号で答えなさい。(8点)

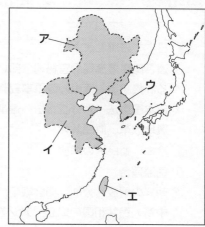

> わが国の軍部が，清朝最後の皇帝を元首とする国を建国させたが，1940年ごろにはわが国が実質的に支配するようになっていた。

(1)	(2)	
(3)		

〔香川・静岡－改〕

重要

3 次の各問いに答えなさい。(26点)

(1) 第一次世界大戦後まもなく，世界的な民主主義の風潮が高まり，ドイツは当時世界で最も民主的といわれた憲法を制定した。この憲法の名称を答えなさい。(8点)

(2) 日中戦争のきっかけとなったできごとについて正しく述べた文を，次のア〜エから1つ選び，記号で答えなさい。(8点)

ア 満州に勢力を持つ軍閥の指導者を，日本軍が列車ごと爆破する事件がおこった。

イ 山東省に送られた日本軍が，中国軍と衝突する事件がおこった。

ウ 奉天郊外の柳条湖（リウティアオフー）で，日本軍が南満州鉄道の線路を爆破する事件がおこった。

エ 北京郊外の盧溝橋（ルーコウチアオ）付近で，日本軍と中国軍が衝突する事件がおこった。

(3) 太平洋戦争中におきたできごとについて述べた次のア〜ウの文を，年代の古い順に並べかえ，記号で答えなさい。(10点)

ア アメリカ軍がサイパン島の日本軍を全滅させた。

イ ミッドウェー海戦に敗れ，日本にとって戦況はしだいに不利になっていった。

ウ アメリカ軍が沖縄に上陸し，多くの民間人が戦闘に巻き込まれた。

〔青森・愛光高－改〕

(1)	(2)	(3)
		→ →

ヒント

1 (2)造船業が不振になったのは，この会議で何が決められたかを考える。

2 (3)1932年に建国された満州国のことである。

3 (2)満州事変のきっかけになった事件と間違えないようにする。

22 日本の民主化と世界の動き

重要点をつかもう

1 日本の占領と民主化

① 連合国軍最高司令官総司令部（GHQ）による間接統治 極東国際軍事裁判（東京裁判）

② 日本国憲法 教育基本法 選挙法の改正 農地改革 財閥解体

2 冷戦・植民地の解放

① 国際連合

② 朝鮮の解放・分断→朝鮮戦争 中華人民共和国の成立 アジア・アフリカ 会議 ベトナム戦争

3 日本占領政策の転換と復興

冷戦の激化→サンフランシスコ平和条約・日米安全保障条約 →日ソ共同宣言→日本の国際連合加盟

	西 側	東 側
中核国	アメリカ	ソ 連
体 制	資本主義	社会主義
軍事同盟	北大西洋条約機構（NATO）	ワルシャワ条約機構
おもなできごと	朝鮮分断→朝鮮戦争 ドイツ分断 ベトナム戦争	

▲冷戦のようす

Step 1 基本問題

解答▶別冊17ページ

1 年表チェック⚡ 年表の空所に適語を入れなさい。

年代	おもなできごと
1945	国際連合が発足する
1947	日本国憲法が施行される
	インドが独立する
1949	社会主義国の ❶[ ] が成立する
	北大西洋条約機構（NATO）が結成される
1950	❷[ ] 戦争が始まる
1951	❸[ ] 条約と日米安全保障条約が結ばれる
1954	自衛隊が発足する
1955	インドネシアで ❹[ ] 会議が開かれる
	ワルシャワ条約機構が結成される
1956	❺[ ] 宣言が調印される
	日本が国際連合に加盟する

Guide

くわしく ■日本国憲法
政府が連合国軍最高司令官総司令部による原案を基にして憲法の改正案を作成し，1946年11月3日に日本国憲法として公布された。そして，半年後の1947年5月3日から施行された。日本国憲法は国民主権，基本的人権の尊重，平和主義を3つの柱としている。

■朝鮮戦争
第二次世界大戦後，朝鮮は日本の植民地から解放されたが，北緯38度線より北をソ連に，南をアメリカに占領された。1948年には朝鮮民主主義人民共和国（北朝鮮）と大韓民国（韓国）の2つの国が成立したが，北朝鮮が韓国に侵攻したことで朝鮮戦争が始まった。

2 [民主化と国際社会への復帰] 次の各問いに答えなさい。

(1) 第二次世界大戦後，三井，三菱などの大資本家は戦争への協力
勢力とみなされ，解体が命じられた。これらの大資本家を何と
いうか，答えなさい。　[　　　　　　　　　]

(2) 第二次世界大戦後に行われた政策の結果，自作農家と小作農家
の割合は，次の図のように変化した。この政策を何というか，
答えなさい。　[　　　　　　　　　]

図　自作・小作別農家数の割合の変化

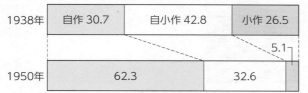

（「数字でみる日本の100年改訂第2版」）

(3) 日本が独立を回復するきっかけとなった条約を何というか，答
えなさい。　[　　　　　　　　　]

(4) 1956年に日本はソ連と国交を回復し，世界の平和と安全を維持
することを目的とする国際機構への加盟を実現した。この国際
機構を何というか，答えなさい。　[　　　　　　　　　]

〔兵庫－改〕

3 [占領と民主化] 次の文を読んで，あとの各問いに答えなさい。

> 日本が降伏すると，アメリカを主力とする連合国軍は（ X ）を
最高司令官として日本を占領・統治することになった。東京に置
かれた（ Y ）は，ポツダム宣言に基づいて，日本を民主主義によ
る新しい国家に改めることを目標に次々に指令を出し，日本政府
はそれに従って<u>政治・経済・社会・文化など，あらゆる方面の民
主化</u>を図った。

(1) （ X ），（ Y ）に入る適切な語句をそれぞれ答えなさい。
　　　　　　X[　　　　　　] Y[　　　　　　]

(2) 下線部について，民主的な教育の原理を明示した法律を何とい
うか，答えなさい。　[　　　　　　　　　]

(3) この時期におきた，次のア～ウのできごとを年代の古い順に並
べかえ，記号で答えなさい。　[　　→　　→　　]

　ア　アジア・アフリカ会議が開かれる。

　イ　日ソ共同宣言が出される。

　ウ　中華人民共和国が成立する。

 ■農地改革・財閥解体

戦後の民主化政策のうちの経済面での二大改革。地主─小作農の関係と財閥の存在が経済の民主化を妨げ，ひいては軍国主義化を助長したとされた。

■サンフランシスコ平和条約

1951年，48か国との間で結ばれたこの条約によって日本は翌年，独立を回復した。中国などは不参加。ソ連，ポーランド，チェコスロバキアは会議に出席したものの，署名は行わなかった。この条約を締結した同日に，日米安全保障条約が結ばれた。

アジア・アフリカ会議（バンドン会議）

1955年，アジア・アフリカの29か国が参加して，インドネシアのバンドンで開催された。冷戦の中で独自の立場を主張。平和十原則を採択した。

日ソ共同宣言

1956年にモスクワで調印した。日本とソ連の戦争状態を終わらせ，両国は国交を回復した。これを受け，日本は国際連合に加盟した。このときの首相は鳩山一郎。中華人民共和国との国交回復は，1972年に北京で調印された日中共同声明による。

Step ② 標準問題

解答▶別冊17ページ

1 [戦後の日本と世界] 次の各問いに答えなさい。

記述式
(1) 次の資料1・2は，終戦時のようすである。資料1・2からわかる当時の社会のようすを，簡潔に答えなさい。

資料1　買い出し列車(1945年)

資料2　国会議事堂前の野菜畑(1946年)

記述式
(2) 右の資料3は，全国の農地に占める借地割合の推移である。資料3のような変化がおこった理由と農家の形態について，政策の名称を用いて20字以内で答えなさい。

資料3　全国の農地に占める借地割合の推移

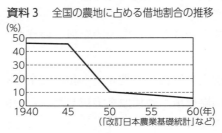

(「改訂日本農業基礎統計」など)

(3) 国際連合の発足以降のできごとについて説明した，次の文中の X にあてはまる首相の名字を漢字で答え，Y にあてはまるものとして最も適切なものを，あとの**ア〜エ**から1つ選び，記号で答えなさい。

> 日本は，X内閣のときに，サンフランシスコ平和条約を結び，独立を回復した。また，これと同時期にYことになった。

ア 極東国際軍事裁判が東京で開始される。
イ アメリカ軍が引き続き日本に駐留する。
ウ 国際連合への日本の加盟が認められる。
エ 沖縄がアメリカから日本に返還される。

(4) 冷戦に関して述べた次の**ア〜エ**のできごとを，年代の古い順に並べかえ，記号で答えなさい。
ア 朝鮮戦争がおこった。　　**イ** 中華人民共和国が成立した。
ウ ベルリンの壁が築かれた。
エ アメリカがベトナムから軍隊を引き揚げた。

〔富山・大分・神奈川・北海道－改〕

1
(1)(2) 14点×2
他8点×3－ 52点)

(1)

(2)

(3) X
Y

(4) 　→　　→　　→

ワンポイント

(1) 資料1の買い出し列車とは，都市の住民が農村へ食料の買い出しに出かけるために乗った列車のこと。

(2) 借地割合が減ったということは，自分の土地を持つ農家が増えたことを意味する。

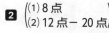

重要 👑 **2** ［選挙制度の変遷］次の資料を見て，あとの各問いに答えなさい。

資料

選挙法の 成立年	選挙の 実施年	全人口に占める 有権者の割合
1889	1890	1.1%
1900	1902	2.2%
1919	1920	5.5%
1925	1928	19.8%
1945	1946	48.7%

（総務省ホームページ）

（1）資料について述べた次の文中の ☐ にあてはまる数字を答えなさい。

> 衆議院議員選挙における，全人口に占める有権者の割合は，1925年に実現した，満☐歳以上のすべての男性に選挙権を与える男子普通選挙で大きく増加し，その後，1945年に成立した新選挙法により，<u>1946年にはさらに増加した。</u>

記述式 ✐（2）（1）の文中の下線部について，この理由を，有権者になる資格に着目して，簡潔に答えなさい。　　　〔群馬－改〕

3 ［領土・平和共存］次の各問いに答えなさい。

（1）次のア～エは，日露和親条約，樺太・千島交換条約，ポーツマス条約，サンフランシスコ平和条約のいずれかで定められた日本の北方領土周辺における領土を ▨ で示したものである。このうち，ポーツマス条約とサンフランシスコ平和条約によって定められた領土を示すものはどれか。最も適切なものを，ア～エから1つずつ選び，記号で答えなさい。

ア　　　　　イ　　　　　ウ　　　　　エ

（2）1955年，アジア・アフリカの29か国が国際会議を開き，平和を守ることを決議した。この会議が開かれた国はどこか，国名を答えなさい。　　　〔大分・熊本－改〕

---

2 （1）8点
（2）12点－20点

（1）

（2）

💡 **ワンポイント**
（2）1945年の選挙法改正で，選挙権がどのように変わったかを述べる。

3 （1）10点×2
（2）8点－28点

（1）	ポーツマス
	サンフランシスコ
（2）	

💡 **ワンポイント**
（1）日本が，樺太・千島交換条約やポーツマス条約で得た土地が，その後どうなったのかを考える。

23 日本の発展と国際社会

🎯 重要点をつかもう

1 高度経済成長とその後の日本経済

① 国民総生産が世界第2位に　家庭電化製品や自動車の普及　主要エネルギー資源が石油に

② 東京オリンピック(1964年)　新幹線開通

③ 公害　**石油危機(石油ショック)**　貿易摩擦

2 日本外交の新展開

日米安全保障条約改定(1960年)　**日韓基本条約**

沖縄復帰　日中共同声明→日中平和友好条約

3 冷戦終結・世界の多極化

ベルリンの壁崩壊→マルタ会談→東西ドイツ統一→ソ連解体

● 世界
経済・情報などのグローバル化，地球環境問題，民族紛争，差別と人権，情報の有効利用と管理。EU(ヨーロッパ連合)など地域協力・統合など。

● 日本
戦争責任や戦後補償，アジア諸国との交流，少子・高齢化，社会保障制度の充実，財政再建，防災・減災，エネルギー問題など。

▲21世紀のおもな動向や課題

Step 1 基本問題

解答▶別冊17ページ

1 　年表チェック⚡　年表の空所に適語を入れなさい。

年代	おもなできごと
1965	日韓基本条約が結ばれる
1972	❶　　　　　　　　　がアメリカから日本に返還される
	❷　　　　　　　　　声明が発表される
1973	第四次中東戦争による ❸　　　　　　　がおこる
1978	**日中平和友好条約**が結ばれる
1990	分断国家の ❹　　　　　　　が統一する
1991	社会主義の中心国の ❺　　　　　　　が解体する
1992	国連平和維持活動(PKO)協力法が成立する(日本)
1993	**EU(ヨーロッパ連合)**が発足する
1995	阪神・淡路大震災がおこる
2001	9月11日にアメリカ同時多発テロがおこる
2011	東日本大震災がおこる
2015	パリ協定採択
2020	世界中で新型コロナウィルスの感染者拡大

Guide

くわしく

■**安保闘争**

1960年の**新日米安全保障条約**は，アメリカの日本防衛義務を明示する一方，日米が共同して作戦行動をとるという，軍事同盟の性格がより強いものだった。この条約によって，日本がアメリカの世界戦略に組み込まれることに危機感を抱いた人々が反対運動をおこし，国会がデモ隊に取り囲まれる騒ぎとなった。このときの首相は**岸信介**であったが，条約成立の翌日に岸内閣は総辞職した。

■**日中共同声明**

1972年。これにより，日本と中華人民共和国間の外交関係が樹立した。一方で，台湾とは断交。このときの首相は田中角栄。1978年には**日中平和友好条約**に調印した。このときの首相は福田赳夫。

2 [戦後の日本と世界] 次の各問いに答えなさい。

(1) 第二次世界大戦後の日本および世界でおこった次の**ア～エ**のできごとを，年代の古い順に並べかえ，記号で答えなさい。

[　　　→　　　→　　　→　　　]

ア 日中共同声明が発表された。

イ ベルリンの壁が崩壊し，その翌年には東西に分かれていたドイツが統一された。

ウ アジアではじめてのオリンピックが，東京で開かれた。

エ 朝鮮戦争が始まり，朝鮮半島全域で戦いが繰り広げられた。

(2) 1972年の日中共同声明について述べたものを，次の**ア～エ**から1つ選び，記号で答えなさい。[　　　]

ア 日本は，二十一か条の要求を中国に認めさせた。

イ 日本は，中国から台湾などを譲り受けた。

ウ 日本は，中国との国交を正常化した。

エ 日本は，中国に遼東半島を返還した。

(3) 経済成長を続けていた日本は，1973年に戦後はじめてのマイナス成長を記録した。このきっかけとなったできごとを何というか，答えなさい。[　　　]

〔茨城・高知－改〕

3 [高度経済成長] 次の各問いに答えなさい。

(1) ある生徒が，昭和の歴史をまとめるなかで，おばあさんから次のような話を聞いた。この話からは，昭和30年代の生活の変化が読み取れる。この時期を含む期間における日本経済のめざましい発展を何というか，答えなさい。[　　　]

> おばあさんの話――「おじいさんと結婚したときに，お祝いに電気洗濯機をもらってうれしかったよ。おじいさんの給料もどんどん上がって，東京オリンピックのころに初めてテレビや電気冷蔵庫もうちに入ったんだよ。」

(2) わが国の国際連合への加盟(1956年)から沖縄のわが国への復帰(1972年)までの時期に，わが国でおこったできごととして誤っているものを，次の**ア～エ**から1つ選び，記号で答えなさい。

ア 国民総生産が資本主義国で第2位となった。[　　　]

イ 東京オリンピックが開催された。

ウ 石油危機(石油ショック)がおこった。

エ 東海道新幹線が開通した。

〔群馬・熊本－改〕

■石油危機(石油ショック)

1973年の第四次中東戦争の際におこった世界的な不況(第一次)。日本ではトイレットペーパー不足まで発生。1979年には，**イラン革命とイラン-イラク戦争**の影響で，第二次石油危機がおこった。日本では，石油危機をきっかけとして急速に省エネの技術が進歩した。

■高度経済成長

1950年代半ばから1970年代初めにかけて，日本は年率約10％という驚異的な経済成長を続けた。1964年の東京オリンピックに合わせて高速道路網が整備され，**東海道新幹線**も開通した。1970年には大阪で**万国博覧会**が開かれた。

三種の神器

(白黒)テレビ・洗濯機・電気冷蔵庫のこと。このあと，3Cとよばれるカラーテレビ，クーラー，車も普及した。

四大公害病

高度経済成長の一方で，深刻な公害が発生した。**水俣病**(熊本県・鹿児島県八代海周辺)，**新潟水俣病**(新潟県阿賀野川流域)，**四日市ぜんそく**(三重県四日市市)，**イタイイタイ病**(富山県神通川流域)を四大公害病という。

国民総生産

略称はGNP。国民が1年間に生産した価値の総額を示すもので，一国の経済規模を表している。1968年に日本のGNPはアメリカに次ぐ第2位になった。しかし，2010年には中国が日本を抜いて世界第2位となった。

Step **2** 標準問題

解答▶別冊18ページ

重要 **1** [高度経済成長] 次の各問いに答えなさい。

(1) 1956年から1976年までの日本の経済成長率を示したグラフとして最も適切なものを，右の**ア～エ**から1つ選び，記号で答えなさい。

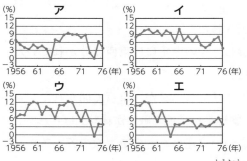

記述式 (2) 次のグラフ1は，1955年から1970年における，全国の市（東京都特別区を含む）と町村の人口の推移を示している。グラフ2は，1955年から1970年における，全国の市数と町村数の推移を示している。グラフ1, 2から考えられる，町村が減った理由を，2つ簡潔に答えなさい。

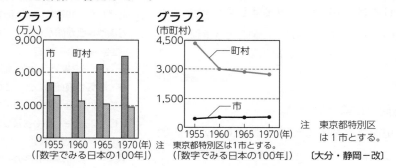

グラフ1
（「数字でみる日本の100年」）

グラフ2
注　東京都特別区は1市とする。
（「数字でみる日本の100年」）

〔大分・静岡－改〕

1
(1) 9点
(2) 14点×2－ 37点

(1)	
(2)	

2 [沖縄の返還] 右の資料を見て，次の各問いに答えなさい。

記述式 (1) 右の資料は，1965年に発行された旅行のための証明書の一部である。サンフランシスコ平和条約が結ばれ，わが国が国際社会に復帰してから10年以上が経過したこの年に，このような証明書が発行されていた理由を簡潔に答えなさい。

(2) 沖縄の人々にとってこのような証明書が必要なくなったのは，何年のことですか。

(3) (2)よりあとのできごとを，次の**ア～エ**から1つ選び，記号で答えなさい。

訳　文

本証明書添付の写真及び説明事項に該当する琉球住民は，日本へ旅行するものであることを証明する。

一九六五年三月二十七日

琉球列島高等弁務官

2 （9点×3－ 27点）

(1)	
(2)	
(3)	

ア　日韓基本条約　　イ　日中平和友好条約

ウ　日ソ共同宣言　　エ　日米安全保障条約改定　　〔熊本－改〕

重要 **3** [世界と日本の新展開] 次の略年表を見て，あとの各問いに答え
なさい。

年代	世界のおもなできごと
1950	朝鮮戦争が始まる ……………………………… X
1963	部分的核実験停止条約が結ばれる
1975	ベトナム戦争が終わる
1980	イラン-イラク戦争が始まる ………………… Y
1990	東西に分かれていた［　　　］が統一される

(1) 略年表中の［　　　］にあてはまる国名を答えなさい。

(2) XとYの間におこった**ア〜ウ**の日本のできごとを，年代の古い
順に並べかえ，記号で答えなさい。

　　ア　日中共同声明が出され，日本と中国の国交が正常化した。

　　イ　国際連合への加盟が認められ，アジアの自由主義国の一員
　　　　として，国際社会に復帰した。

　　ウ　東海道新幹線が開通し，アジア最初の東京オリンピックも
　　　　開かれた。　　〔鹿児島－改〕

4 [冷戦終結] 次の各問いに答えなさい。

(1) 次の文中の［　Ⅰ　］，［　Ⅱ　］にあてはまる語の組み合わせとして最も
適当なものを，あとの**ア〜エ**から1つ選び，記号で答えなさい。

　　右は，1989年にアメリカのブッ
シュ大統領とソ連のゴルバチョフ
共産党書記長が［　Ⅰ　］会談で冷戦の
終結を宣言したときのようすです。
冷戦が終わっても，民族や宗教の
対立などから各地で地域紛争がお
こり，中東では1991年に［　Ⅱ　］戦争が勃発しました。

　　ア　Ⅰ：ヤルタ　　Ⅱ：ベトナム

　　イ　Ⅰ：ヤルタ　　Ⅱ：湾岸

　　ウ　Ⅰ：マルタ　　Ⅱ：ベトナム

　　エ　Ⅰ：マルタ　　Ⅱ：湾岸

(2) 1993年，ヨーロッパの地域統合を強力に進める組織が発足した。
その組織を何というか，答えなさい。　　〔千葉・北海道－改〕

3 (9点×2－18点)

(1)	
(2)	→　　　→

ワンポイント
(2) 日ソ共同宣言が出された
ことで，ソ連の支持を得
た日本は国際連合に加盟
することになった。

4 (9点×2－18点)

(1)	
(2)	

ワンポイント
(1) Ⅰについて，第二次世界
大戦末期に開かれた米英
ソの首脳会談と間違えな
いようにする。
(2) ヨーロッパ共同体（ＥＣ）
から発展した組織。

Step ③ 実力問題②

1 右の年表を見て，次の各問いに答えなさい。(24点)

(1) 日本は，下線部①と同時に結んだ条約において，日本の安全と東アジアの平和を守るという理由で，引き続き国内にアメリカ軍の基地の設置を認めた。この条約を何というか，条約名を答えなさい。(8点)

年代	おもなできごと
1945	ポツダム宣言が発表される
1951	①サンフランシスコ平和条約が結ばれる
1954	②第五福竜丸が「死の灰」を浴びる
1956	③日ソ共同宣言が出される

難問
(2) 下線部②について，このできごとがおこった年に最も近い時期のできごとを，次のア〜エから1つ選び，記号で答えなさい。(6点)

ア　八幡製鉄所が操業を始めた。

イ　警察予備隊が設立された。

ウ　環境庁が設置された。

エ　第1回原水爆禁止世界大会が開かれた。

重要
記述式
(3) 下線部③について，資料は日ソ共同宣言の一部である。日本の国際連合への加盟は，日ソ共同宣言が結ばれたのちに実現された。日本の国際連合への加盟に，資料のようなソ連の支持が必要とされた理由を，安全保障理事会の決定のしくみに着目して，簡潔に答えなさい。(10点)

資料

> 1．日本国とソヴィエト社会主義共和国連邦との戦争状態は，この宣言が効力を生ずる日に終了し，両国の間に平和及び友好善隣関係が回復される。
>
> 4．ソヴィエト社会主義共和国連邦は，国際連合への加入に関する日本国の申請を支持するものとする。

〔静岡・神奈川−改〕

(1)		(2)	
(3)			

2 現在の生活につながる戦後のできごとについて，次の各問いに答えなさい。(22点)

記述式
(1) 次の表1・2から，ポツダム宣言受諾後，日本を間接統治した連合国軍最高司令官総司令部(GHQ)の基本方針を読み取り，簡潔に答えなさい。(12点)

表1　ポツダム宣言受諾後のおもなできごと

時期	おもなできごと
1945年 9月	・陸軍と海軍が解体される ・戦争の責任者とみなされた軍人や政治家の逮捕が始まる
11月	・陸軍省と海軍省が廃止される

表2　憲法の比較

	大日本帝国憲法	日本国憲法
主権	天皇主権	国民主権
人権	法律の範囲内で認められる	基本的人権の尊重

(2) 次のページのグラフは，日本のエネルギー供給の推移を表している。グラフXの期間に関する説明として最も適切なものを，ア〜エから1つ選び，記号で答えなさい。(10点)

ア　日本のエネルギー供給の中心は，石油から石炭へと変化した。

イ 日本のエネルギー供給が増加したのは，バブル景気が続き，経済が発展したからである。

ウ 日本のエネルギー供給の増加にともない，公害問題がおこり，その対策として環境庁（ちょう）が設置された。

エ 日本のエネルギー供給は増加したが，国民にはテレビなどの家庭電化製品はほとんど普及しなかった。

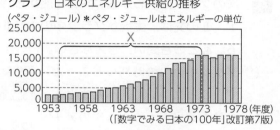

グラフ　日本のエネルギー供給の推移
（ペタ・ジュール）＊ペタ・ジュールはエネルギーの単位

（「数字でみる日本の100年」改訂第7版）

〔秋田・福島－改〕

(1)	(2)

3 右の年表を見て，次の各問いに答えなさい。(30点)

(1) 下線部①～③について，次の資料1のA～E国は，アメリカ，イギリス，ソ連，ドイツ，日本のいずれかであり，○印は，項目ごとにあてはまる国であることを示している。A～E国がどの国かを判断し，国名をそれぞれ答えなさい。なお，「戦勝国」は，それぞれの世界大戦が終結した時点での連合国を指す。(各2点)

年代	おもなできごと
1914	①第一次世界大戦が始まる
1920	②国際連盟が発足する
1939	③第二次世界大戦が始まる
1950	④朝鮮（ちょうせん）戦争が始まる
1989	⑤冷戦が終結する

資料1

項目	A国	B国	C国	D国	E国
第一次世界大戦の戦勝国	○	○	○		
国際連盟が発足したときの加盟国	○		○		
第二次世界大戦の戦勝国	○	○		○	

記述式

(2) 下線部④について，この戦争によって日本は好景気になったが，それはなぜか。「アメリカが」という書き出しに続けて，簡潔に答えなさい。(12点)

(3) 下線部⑤について，右の資料2のグラフは，何の推移を示していると考えられるか。次の**ア～エ**から1つ選び，記号で答えなさい。(8点)

ア アメリカとソ連による核実験の回数

イ 国際連合が行う平和維持活動(PKO)の数

ウ ヨーロッパ連合(EU)に加盟している国の数

エ 日本が国際平和に協力するために自衛隊（じえいたい）を派遣した回数

資料2
（縦軸の単位は省略）

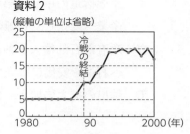

〔石川－改〕

(1)	A	B	C	D	E
(2)（アメリカが）				(3)	

4 次のグラフは，わが国の1955年度から1990年度までの国内総生産の推移を表したものである。Ⅰ，Ⅱの文は，生徒がグラフ中のⅠ，Ⅱの時期のようすについてそれぞれまとめたものである。あとの各問いに答えなさい。(24点)

(1) グラフ中のⅠの時期におこったできごとについて述べた文として最も適当なものを，次の**ア**〜**エ**の中から１つ選び，記号で答えなさい。(12点)

ア 東海道新幹線が開通し，東京オリンピックが開催された。

イ 公害や新しい環境問題に対応するために環境基本法が制定された。

ウ 上がり続けていた地価や株価が暴落し，バブル崩壊といわれる現象がおこった。

エ 労働者の地位を向上させるために労働組合法が制定された。

(2) 文Ⅱ中の<u>安定した経済成長の時代</u>について述べた文として最も適切なものを，次の**ア**〜**エ**の中から１つ選び，記号で答えなさい。(12点)

ア 国内の鉱産資源の開発に努め，エネルギー資源として石炭を自給できるようになった。

イ 産業構造の中心が第２次産業から第１次産業へ変化し，資源の消費量が減少した。

ウ 政府が石油輸入を独占することで，企業へ石油を安価に販売できるようになった。

エ 輸出の拡大に加え，合理化，省エネルギー化による生産効率を高める経済へ変化した。

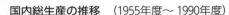

国内総生産の推移 (1955年度〜 1990年度)

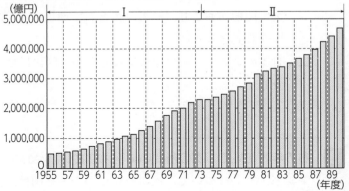

（「数字でみる日本の100年 改訂第5版」）

Ⅰ

　政府は所得倍増をスローガンに掲げるなど，経済成長を促進する政策をとりました。産業界では，技術革新や重化学工業への投資が進み，各地に巨大なコンビナートが建設されました。
　その結果，好景気(好況)が続き，人々の所得は増加し，消費も拡大しました。しかし，大気汚染や水質の悪化など，公害問題も発生しました。

Ⅱ

　石油危機により大きな打撃を受けた日本経済は，不景気(不況)となり，日本の高度経済成長は終わりました。日本は，この不景気を乗り切り，1980年代半ばまでは，<u>安定した経済成長の時代</u>が続きました。
　大気汚染や水質の悪化などの問題は低公害技術の開発などにより改善されつつあるように思われましたが，1980年代には，地球規模での環境問題が明らかになってきました。

(1)	(2)

〔愛知−改〕

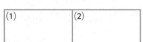

❶ (3) 安全保障理事会での決議には，５常任理事国すべての賛成が必要。ソ連は常任理事国であった。
❸ (1) アメリカは国際連盟に加盟しなかったことに注意。
❹ (1) Ⅰは高度経済成長期。象徴的なできごとに何があったかを考える。

標準問題集
中学 歴史
解 答 編

第 1 章 文明のおこりと古代までの日本

1　人類の誕生と文明のおこり

Step 1　解答　　p.2～p.3

1 ❶ サヘラントロプス゠チャデンシス
❷ メソポタミア　❸ エジプト　❹ 仏
❺ 弥生（やよい）
2 (1) 銅鐸（どうたく）　(2) 稲作（いなさく）　(3) イ　(4) ウ
3 (1) A―ウ　B―ア　(2) A―ウ　B―イ

解説

1 ❶ 最古の人類の化石はアフリカで発見されている。
❷ メソポタミアは，エジプトとならんで世界最古の文明発祥（はっしょう）の地。
2 (1) 銅鐸などの青銅器は大陸から日本に伝わってきた。これらはおもに，祭りごとに使われていたと考えられている。
(2) 縄文（じょうもん）時代は狩猟（しゅりょう）・採集の時代だが，弥生時代になると稲作が広まり，むらどうしの争いがおこるようになった。
(3) 弥生時代の記述を選べばよいので，**イ**が正解。**ア**は古墳時代，**ウ**は旧石器時代，**エ**は縄文時代の記述である。
(4) 三内丸山遺跡（さんないまるやまいせき）（青森県）は縄文時代の集落のようすがわかる遺跡である。

Step 2　解答　　p.4～p.5

1 (1) イ　(2) エ
2 (1) ポリス
(2) ① アレクサンドロス大王　② ヘレニズム文化
(3) イ
3 (1) 竪穴住居（たてあな）　(2) 高床倉庫
4 (1) 位置―ア　名称―エジプト文明
(2) 象形文字・太陽暦（しょうけい）（たいようれき）（順不同）
(3) 位置―イ　名称―メソポタミア文明
(4) くさび形文字・太陰暦（たいいんれき）（順不同）　(5) エ
(6) 甲骨文字　(7) ウ　(8) モヘンジョ゠ダロ

解説

1 (1) 漢（前漢）の武帝（ぶてい）の時代，漢は最盛期だった。
2 (1) アテネやスパルタが代表的な**ポリス**である。古代ギリシャでは直接民主政が行われていたが，奴隷制に支えられていた。
(2) ① アレクサンドロス大王の死後，領土は大きく 3 つの王朝に分かれた。
(3) 紀元前27年，ローマ（共和政）は帝政に変わった。また，ローマは，コロッセオなどに代表されるすぐれた土木技術を持っていた。
3 (1) 地面を掘って床とし，その上に屋根をかけた住居に生活していた。
(2) 収穫した稲（いな）などを湿気（しっけ）から守るために床を高くし，ネズミから守るためにネズミ返しなどをほどこしていた。
4 (2) 象形文字はものの形を抽象的にあらわしたもの。
(4) 太陰暦は現在でもイスラム暦で使われている。

2　日本の成り立ちと古代国家の形成

Step 1　解答　　p.6～p.7

1 ❶ 「魏志」倭人伝（ぎし）（わじんでん）　❷ 前方後円（ぜんぽうこうえん）
❸ 大和（やまと）　❹ 渡来人（とらいじん）　❺ 仏
2 (1) 大和　(2) 高句麗（こうくり）（コグリョ）　(3) 新羅（しらぎ）（シルラ）　(4) 百済（くだら）（ペクチェ）
(5) 須恵器（すえき）
3 (1) エ　(2) ① 埼玉県（さいたまけん）　② 大王（おおきみ）
(3)

解説

2 (4) 日本は**百済**と関係が深く，6 世紀には仏教（ぶっきょう）が百済から伝えられた。
3 (2) ① 鉄剣が出土した稲荷山古墳（いなりやま）は埼玉県，鉄刀が出土した江田船山古墳（えたふなやま）は熊本県にあり，関東地方から九州地方に支配がおよんでいたと考えられる。
(3) 「西側に前方部がある」と書かれているので，前

方後円墳の鍵穴上の図を右にたおしたような形で描く必要がある。

1 (1)**イ** (2)**ア** (3)古墳の名称─前方後円墳
　　葬られていた人─王や豪族
2 (1)(倭王)武 (2)**イ**
　　(3)[解答例]中国の権威を借りて朝鮮半島での
　　政治的立場を有利にするため。(29字)
3 (1)漢 (2)**イ** (3)福岡県

解説

1 (2) 後ずさりして道ばたの草の中に入るならわしは，身分の高い人と出会った場合。
2 (2) 宋は南朝であることから判断する。もう一つは，北魏(北朝)である。
3 (2) 1世紀半ばは弥生時代。**ア**は縄文時代，**ウ**は旧石器時代，**エ**は古墳時代について述べた文。

3　聖徳太子の政治と律令国家の成立

1 ❶冠位十二階　❷十七条の憲法
　❸小野妹子　❹中大兄皇子　❺壬申の乱
　❻大宝律令　❼平城京
2 (1)蘇我馬子 (2)A─ア　B─エ　C─イ
　　(3)班田収授 (4)墾田 (5)**ウ**

解説

2 (2) **ア**の小野妹子は，聖徳太子によって隋に派遣された。**イ**の墾田永年私財法は奈良時代の743年に出された。**ウ**の仏教は6世紀半ばに伝わった。**エ**の壬申の乱は大化の改新のあとである。
　(3) 班田収授は，戸籍に基づいて人々に口分田を与え，その人が死ぬと国に返すしくみ。
　(5) 律令制の下で，人々は租・調・庸などの税を課された。調は地方の特産物を納める税。

✅ 用語チェック▶ **大宝律令**

中央集権国家統治のための基本法典。人々は税として租(稲の収穫の3％)，調(地方の特産物)，庸(布)を課され，調と庸は都まで運ばなければならない。他にも兵役や労役があり，特に九州北部を守る防人は，人々にとってたいへん重い負担だった。

1 (1)**ウ** (2)唐 (3)**イ** (4)**カ** (5)**エ** (6)国司
2 (1)十七条の憲法 (2)聖徳太子 (3)隋
　　(4)小野妹子
3 (1)5人 (2)調 (3)**ウ**

解説

1 (1) 平城京遷都は710年，平安京遷都は794年である。間違えないように注意する。
　(2) 中国では618年に唐という王朝がおこった。
　(5) 平城京は現在の奈良県にあった。
　(6) 地方は，中央から派遣された国司の下で，地方の豪族が郡司に任命されて政治を行った。
3 (1) 口分田が与えられたのは，6歳以上のすべての男女である。
　(2) 「生蘇(乳製品)」や「荏油(荏胡麻)」と書かれていることから，地方の特産物とわかる。
　(3) 地方の特産物は，都まで運んで納めなければならなかったため，都から遠いほど人々の負担は大きくなった。

1 (1)**ウ** (2)**イ** (3)奴 (4)**ア**
2 (1)聖徳太子 (2)**ウ** (3)法隆寺 (4)小野妹子
3 (1) a─6　b─口分田　c─租
　　(2)大宝律令 (3)防人

解説

1 (1) **ア**の殷王朝がおこったのは紀元前16世紀，**イ**のハンムラビ法典が制定されたのは紀元前18世紀，**ウ**のアレクサンドロス大王の東方遠征は紀元前4世紀，**エ**のキリスト教の成立は紀元前後。
　(2) **イ**．絵を基につくられた文字としては，エジプトの象形文字が知られている。
　(3) 後漢の皇帝から授けられたとされる金印には「漢委奴国王」と刻まれていたことを覚えておく。
　(4) 中大兄皇子は，百済を再興するために朝鮮半島に大軍を送り，白村江で唐・新羅の連合軍と戦ったが敗れた。
2 (3) 法隆寺は飛鳥文化を代表する建築物。斑鳩寺ともよばれる。
3 (1) 租・調・庸などの税については，税の内容を説明できるようにしておこう。
　(2) 大宝律令は，律令国家の基本となる法典であった。

4 貴族の政治と武士のおこり

Step 1 解答　　　　　　　　p.16～p.17

1 ① 桓武天皇　② 征夷大将軍　③ 藤原道長
　　④ 白河上皇　⑤ 平清盛

2 (1) 藤原道長　(2) 摂関政治
　　(3) 平等院鳳凰堂　(4) 藤原頼通
　　(5) a─宋(北宋)　b─高麗

3 ア

解説

1 ② もともと，**征夷大将軍**は蝦夷を征討するための臨時の将軍職であったが，**源頼朝**以降は武士の棟梁を指すようになった。
　　⑤ **平清盛**は，大輪田泊を修築して，日宋貿易を行い，巨大な利益をあげた。

Step 2 解答　　　　　　　　p.18～p.19

1 (1)① イ　② ウ　③ ア　(2) エ

2 (1) ウ　(2) 坂上田村麻呂　(3) 摂関　(4) 国司

3 (1) 11　(2) ア

4 記号─ア　人物名─平清盛

解説

1 (1)① 土地の永久私有を認めた**墾田永年私財法**が出たあと，どのようなことがおこったかを考える。
　　(2) 藤原氏の摂関政治が衰えると，上皇が権力をにぎって，**院政**を行った。

2 (4) 地方には，中央から**国司**が派遣され，地方の豪族が郡司に任命された。中央は二官八省といい，太政官と神祇官が置かれ，太政官の下に，大蔵省や宮内省などの組織が置かれた。また，九州の行政のほか外交や防衛を担う役所として，現在の福岡県に**大宰府**が置かれた。

3 (2) ア. 藤原道長が内覧を務めていた時期の一条天皇と三条天皇は，いずれも母が道長の姉妹であり，また，道長の娘をきさきにしている。

4 平清盛は保元の乱と平治の乱のあと，武士として初めて太政大臣になった。**イ**は織田信長，**ウ**は北条泰時，**エ**は白河上皇について述べた文である。

5 古代の文化

Step 1 解答　　　　　　　　p.20～p.21

1 ① 法隆寺　② 正倉院　③ 東大寺
　　④ 平等院鳳凰堂

2 (1) 天平文化　(2) 万葉集　(3) 最澄　(4) エ

3 (1) ア・オ(順不同)　(2) エ
　　(3) 平等院鳳凰堂

解説

1 ① 1993年，日本で初めて登録された世界文化遺産。同時に，姫路城も登録された。
　　② **正倉院**には，シルクロードを通ってインドや西アジアから伝わった美術工芸品なども多く納められていた。

2 (3) 比叡山延暦寺を建てて天台宗を広めたのが**最澄**，高野山金剛峯寺を建てて真言宗を広めたのが**空海**である。
　　(4) **ア・イ・ウ**は奈良時代の**天平文化**の作品である。

3 (1) 興福寺は平城京の大寺院である。奈良時代には，**遣唐使**を通じて，唐と仏教の影響を強く受けた国際色豊かな文化が栄えた。
　　(2) **ア**のまじないや祈禱は密教，**イ**の自然信仰(アニミズム)は縄文時代の信仰，**ウ**の法華経の題目による信仰は，鎌倉時代に日蓮が広めた**法華宗(日蓮宗)**である。

Step 2 解答　　　　　　　　p.22～p.23

1 (1) ウ→イ→ア　(2) A　(3) エ

2 (1) 聖武天皇　(2) 風土記　(3) 遣唐使
　　(4) 教え─天台宗　寺院─延暦寺

3 (1) 人物─エ　寺社─b
　　(2) 人物─オ　寺社─e
　　(3) 人物─ア　寺社─d
　　(4) 人物─イ　寺社─a
　　(5) 人物─ウ　寺社─c

解説

1 (1) Aの金剛峯寺は和歌山県，Bの法隆寺とCの東大寺は奈良県，Dの平等院鳳凰堂は京都府にある。

2 (3) 平安時代初期まで中国へ派遣された使節は**遣唐使**であることから，船の名がつけられた。

3 (5) 瀬戸内海にある**厳島神社**は，航海の安全を守る

3

神として信仰された神社である。また，平氏一族の繁栄を祈願するため，「平家納経」が神社に納められた。

Step 3 ② 解答　　　　　　　p.24〜p.25

1 (1) エ→ア→イ→ウ　(2) ア
(3) [解答例]天皇が退位して上皇になったあとも，政治を行うこと。　(4) 平清盛
(5) 県名—岩手県　記号—イ

2 (1) 法隆寺　(2) 正倉院　(3) 8世紀
(4) 菅原道真
(5) [解答例]娘を天皇のきさきにして，生まれた子どもを天皇にする。そして，天皇が幼いときは摂政，成人すれば関白という地位に就いて政治の実権をにぎった。

3 (1) 鑑真　(2) 兵士—防人　和歌集—万葉集
(3) イ

解説

1 (1) アの公地・公民の方針が示されたのは大化の改新のとき(645年)，イの大津宮に都が移されたのは，中大兄皇子が天智天皇に即位したとき(668年)，ウの藤原京がつくられたのは，壬申の乱で勝利して即位した天武天皇の皇后が持統天皇として即位したあとのこと(694年)，エの十七条の憲法が定められたのは，飛鳥時代の初め(604年)である。聖徳太子→大化の改新→壬申の乱，という流れをおさえておこう。
(2) アは東大寺の正倉院に収められている五絃琵琶，イは室町時代に活躍した雪舟の水墨画，ウは後漢の皇帝から贈られたと考えられている金印，エは江戸時代にキリスト教徒の弾圧に使われた踏絵である。
(5) 奥州藤原氏は平泉(岩手県)を拠点に栄えた。

2 (4) 菅原道真は天皇に重んじられ，右大臣になったが，政敵の讒言により大宰府に左遷されてしまった。学問・詩文に優れていたことから，現在では学問の神様として崇拝されている。

3 (1) 鑑真は来日後，唐招提寺を建立している。
(2) 防人は，北九州沿岸を防衛する兵士で，期間は3年。おもに東国から集められていた。
(3) 天台宗は805年(9世紀初め)に日本に伝わった。

✅ 用語 チェック ▶ **奥州藤原氏**

平安時代後期の約100年間，平泉(岩手県)を拠点に東北地方を支配した豪族。中尊寺金色堂には，清衡・基衡・秀衡の遺体が安置されている。

第2章　中世の日本

6　武家政権の成立

Step 1 解答　　　　　　　p.26〜p.27

1 ❶ 源頼朝　❷ 承久
❸ 御成敗式目(貞永式目)　❹ 文永
❺ 鎌倉
2 (1) 御家人　(2) 六波羅探題
(3) 執権　(4) 御成敗式目(貞永式目)
3 (1) フビライ＝ハン　(2) ウ

解説

1 ❶ 征夷大将軍に任命されて鎌倉幕府を開いたのは源頼朝。源義経は頼朝の弟で，平氏討伐に活躍し，壇ノ浦の戦いで平氏をほろぼすのに大きな役割を果たした。しかし，その後，頼朝と対立し，奥州藤原氏の藤原泰衡に攻められ，自害した。
❹ 元は二度にわたって日本を攻めてきた。1回目は文永の役，2回目は弘安の役という。文永の役のあと，幕府は九州北部に石塁などを築き，元の来襲に備えた。
2 (2) 承久の乱のあと，朝廷を監視するために京都に置かれた役所が六波羅探題である。鎌倉幕府と室町幕府の組織図の区別はよく出題されるが，この六波羅探題があるかどうかが一つのポイントになる。
(4) 御成敗式目は承久の乱のあとに出された武士の基本法で，武家法の基とされた。
3 (2) 幕府は，生活の苦しくなった御家人を救うため，1297年に(永仁の)徳政令を出し，手放した領地を無償で取り戻させたが，逆効果になった。

Step 2 解答　　　　　　　p.28〜p.29

1 (1) 集団　(2) 火薬　(3) チンギス＝ハン　(4) 元
(5) フビライ＝ハン　(6) マルコ＝ポーロ
(7) 元寇　(8) 北条時宗　(9) (永仁の)徳政令
2 (1) 執権　(2) ① イ　② 荘園

4

3 (1) [解答例]戦いがおこったときには軍役を果たすこと。([別解]京都や鎌倉を警備すること。)

(2) 支配力―[解答例]西日本にまでおよぶようになった。　記号―ウ

解説

1 (1) 名乗りをあげて一騎打ちをする御家人たちの戦い方に対して，元軍は集団戦法で攻めてきた。

(5) モンゴル帝国のフビライ＝ハンは，国名を元と定めて皇帝に即位した。フビライ＝ハンは中国や朝鮮半島だけでなく，東南アジアにも遠征した。

2 (1) 室町幕府の管領と間違えないようにする。

(2) ① 1185年に壇ノ浦の戦いで平氏がほろびた後，同じ年に源 頼朝は，朝廷にせまって守護・地頭を置くことを認めさせた。

3 (1) 将軍が御家人に対してこれまでの領地を保護したり，新たな土地を与えたりすることを，御恩という。その御恩に対して，御家人は奉公として，一族を率いて戦いに参加したり，京都や鎌倉の幕府を警備したりした。

(2) 地図からは，承久の乱で幕府が武士を動員した地域が東日本に限られていること，資料からは，承久の乱後に幕府が守護を新たに置いた地域が，今の近畿地方や中国・四国地方などの西日本に集中していることが読み取れる。

7　武家社会の展開

Step 1　解答　　　　　　　　p.30〜p.31

1 ❶ 足利尊氏　❷ 勘合(日明)　❸ 土一揆
❹ 応仁　❺ 山城

2 (1) 後醍醐天皇　(2) 足利尊氏

(3) イ　(4) ウ

3 (1) 相手国―中国(明)　理由―[解答例]正式な貿易船であることを証明するため。([別解]倭寇と区別するため。)

(2) [解答例]借金の帳消し(6字)

解説

1 ❶ 足利尊氏は後醍醐天皇に協力して鎌倉幕府を倒すのに貢献した。しかし，後醍醐天皇による建武の新政に対する武士の不満が高まると，武家

政権の成立を目指して，後醍醐天皇に反旗を翻した。

2 (4) 足利尊氏が京都に新たに天皇を立て征夷大将軍に任じられ，後醍醐天皇は吉野(奈良県)に逃れたため，2つの朝廷が存在することになった。この時代を南北朝時代という。

3 (1) 勘合貿易は日明貿易ともよばれる。

(2) 資料2に書かれている「負い目」とは，借金を意味する。室町時代の半ば以降は，団結した農民らが，荘園領主や守護大名に年貢の軽減を求めたり，土倉や酒屋などの高利貸しをおそって幕府に借金の帳消しを求めたりした。このような室町時代の農村の人たちの一致団結した反抗を土一揆という。

Step 2　解答　　　　　　　　p.32〜p.33

1 (1) イ　(2) エ

(3) [解答例]貢ぎ物を贈ることで，国交が開かれた。

2 (1) 応仁の乱　(2) イ

3 (1) 山名氏　(2) ア

4 イ

解説

1 (1) 資料1は「二条河原の落書」といわれるもので，建武の新政によって混乱した世の中のようすが読み取れる。

(3) 資料2中の「日本国王の源 道義が，貢ぎ物を贈ってきた」という箇所に着目する。中国周辺の国々が中国の皇帝に貢ぎ物を贈ることを朝貢という。周辺諸国の支配者は朝貢をすることによって，国王の地位を認めてもらおうとした。日明貿易は朝貢の形で始まった。

2 (2) 資料の旗に「往生極楽」と書かれていることから，浄土真宗を信仰する人たちが一揆のときに掲げた旗だと考えられる。浄土真宗は一向宗ともよばれたため，浄土真宗の信者たちがおこした一揆のことを一向一揆という。加賀の一向一揆や三河の一向一揆などが有名。

3 (2) 応仁の乱後，細川氏とともに日明貿易の実権をにぎったのは大内氏である。大内氏は中国・北九州地方の有力な守護であった。

8 中世の産業・社会・文化

Step 1 解答　　　　　　　　　　　　p.34〜p.35

1 ❶ 東大寺南大門　❷ 源 頼朝
　　❸ 足利義満　❹ 銀閣(慈照寺)
2 (1)一遍　(2)能　(3)枯山水　(4)座
3 (1)イ　(2)ア

解説

1 ❶ 鎌倉時代の文化は，新たな支配者となった武士の気質を反映した，素朴で庶民にもわかりやすい文化であった。**運慶**や**快慶**によってつくられた東大寺南大門の**金剛力士像**は，鎌倉時代の力強い彫刻作品として有名。

❹ 銀閣の建物がある寺の正式名称は慈照寺，金閣がある寺の正式名称は鹿苑寺である。金閣は**足利義満**，銀閣は**足利義政**が建てたことをおさえておく。

2 (1)一遍は鎌倉時代に時宗を開いた僧。踊念仏や念仏の札によって布教した。

(2)室町時代に農村で演じられていた猿楽や田楽から能が生まれ，**観阿弥・世阿弥**によって大成された。また，この能の合間に演じられた喜劇が**狂言**である。

3 (1)鎌倉時代に始まった**二毛作**は，室町時代には各地に広まった。**ア**と**エ**は江戸時代の農業に関することがら。

(2)**イ**は平安時代，**ウ・エ**は室町時代について述べた文。

Step 2 解答　　　　　　　　　　　　p.36〜p.37

1 (1)エ　(2)ア
2 (1)エ　(2)ウ
3 (1)ア　(2)① オ　② コ
　　(3) A—鎌倉時代　B—室町時代　(4)書院造

解説

1 (1)**エ**について，大阪が「**天下の台所**」とよばれたのは，江戸時代(近世)のことである。

(2)他国から輸入した産物を，別の国に輸出することで利益を得る貿易の形を，中継貿易という。**琉球王国**は，日本・中国・朝鮮半島・東南アジアの間で中継貿易を行い，栄えた。

2 (1)**ア**は室町時代，**イ**は平安時代，**ウ**は安土・桃山時代の文化について述べた文。

(2)栄西が伝えた**臨済宗**や道元が伝えた**曹洞宗**は，いずれも座禅によってさとりを開こうという**禅宗**に含まれる。**ア**は浄土宗・浄土真宗，**イ**は時宗，**エ**は日蓮宗(法華宗)の特色である。

3 (4)足利義政が建てた銀閣もある慈照寺の敷地内にある東求堂同仁斎は，書院造の代表的な建築物である。

Step 3 解答　　　　　　　　　　　　p.38〜p.39

1 (1) I [解答例]西日本に広まった
　　　 II [解答例]荘園領主と地頭の争いが増えた
　　(2)下地中分　(3)ア　(4)北条時宗
2 (1)明　(2)イ
　　(3)[解答例]お金の貸し付けを行っていた酒屋や土倉に借金の帳消しを求めること。
　　(4)ア

解説

1 (2)絵図には，左側に「地頭分」，右側に「領主分」と書かれ，その境界に線が引かれている。これは，領地の左半分が地頭に与えられたことを示している。鎌倉時代には，土地の支配をめぐって荘園領主と地頭の間でしばしば争いがおこったが，幕府はこれを解決するために，絵図のように土地を折半したり，地頭に荘園領主への年貢の納入を請け負わせたりするように決めた。

(4)元寇のときの**執権**は**北条時宗**であったことをおさえておこう。

2 (2)室町時代の絵画作品としては，雪舟の水墨画が代表的である。**ア**は平安時代末期の「源氏物語絵巻」，**ウ**は江戸時代に菱川師宣が描いた浮世絵(「見返り美人図」)，**エ**は江戸時代に葛飾北斎が描いた浮世絵(「富嶽三十六景」)。

(3)酒屋や土倉は高利貸し業も営んでいたことから考える。

(4)資料2は首里城，また〔説明〕の中に「中継貿易」とあることから考えて，琉球王国があった場所を選べばよい。

✅ 用語 チェック ▶ 鎌倉新仏教

法然が念仏(南無阿弥陀仏)を唱える浄土宗，親鸞が浄土真宗(一向宗)，日蓮が日蓮宗(法華宗)，一遍が時宗を広めた。また，栄西の臨済宗や道元の曹洞宗などの禅宗も広まった。

9 戦国の動乱とヨーロッパ人の世界進出

Step 1 解答　　　　　　　　　　p.40～p.41

1 ❶西インド　❷ルター　❸ポルトガル
　　❹(フランシスコ゠)ザビエル　❺キリスト
2 (1)宗教改革　(2)[解答例]南蛮貿易で利益を得るため。　(3)下剋上
3 (1)大航海時代　(2)X―スペイン
　　Y―ポルトガル(X・Yは順不同)　(3)ウ

解説
1 ❸❹❺ 鉄砲はポルトガル人によって，キリスト教は1549年にザビエルによって，日本に伝えられた。ザビエルはカトリック教会の海外布教の中心であった**イエズス会**の宣教師だった。
2 (2)「この人物」とは，**大友宗麟**のこと。
3 (1) スペインとポルトガルは，アジアから香辛料を安定して手に入れるため，直接アジアへ到達する航路を発見しようとしていた。やがて，日本にもやって来たスペイン人やポルトガル人は，日本に火薬や中国の生糸などをもたらし，日本からヨーロッパに銀などを持ち帰った。

Step 2 解答　　　　　　　　　　p.42～p.43

1 (1)① コロンブス　② マゼラン
　　(2)X―スペイン　Y―インカ　Z―明
2 (1)[解答例]実力のある者が身分の上の者に打ち勝ち，取ってかわる風潮
　　(2)イ　(3)分国法
　　(4)エ→ウ→ア→イ
3 (1)ポルトガル　(2)南蛮貿易

解説
1 (1)① 大西洋を横断してアジアに行こうとした**コロンブス**は1492年，カリブ海の島に到達し，そこをインドだと思い込んだ。このことから，カリブ海の島々は西インド諸島とよばれるようになった。
　　② マゼラン自身はフィリピンで殺されたが，彼の部下は航海を続け，1522年，世界一周を成し遂げた。

2 (4) **ア**は16世紀前半(1533年)，**イ**は16世紀末(1581年)，**ウ**は16世紀初め(1517年)，**エ**は15世紀末のできごと。なお，**イ**について，オランダは16世紀末にスペインから独立した後，17世紀初めに東インド会社を設立し，ポルトガルにかわってアジアに進出した。
3 (2) ポルトガル人やスペイン人を南蛮人とよんだことから，ポルトガルやスペインとの貿易を南蛮貿易という。

10 天下統一への歩みと文化

Step 1 解答　　　　　　　　　　p.44～p.45

1 ❶室町幕府　❷安土　❸宣教師(バテレン)
　　❹刀狩　❺朝鮮
2 (1)鉄砲　(2)織田信長　(3)長篠の戦い
　　(4)楽市・楽座
3 (1)①イ　②ア　③ア　④イ　⑤ア　⑥イ
　　⑦イ　⑧イ　(2)①ア　②イ　③オ

解説
2 (3) **長篠の戦い**において，織田・徳川の連合軍は3000挺の鉄砲と馬防柵を有効に使って，武田軍の騎馬隊を破ったとされる。
　　(4) 中世の座を廃止し，市場での税を免除して商工業を活発にした。
3 (1)②④ キリスト教に対して，織田信長は保護・奨励したのに対して，豊臣秀吉はバテレン追放令を出すなど，禁止措置をとった。
　　(2)① 17世紀初め，出雲(島根県)の阿国が歌舞伎踊りを始めた。　② 豊臣秀吉などに仕えた千利休は「わび茶」を完成させ，茶の湯を茶道へと高めた。③ 狩野永徳の「唐獅子図屏風」は，豪華な桃山文化を象徴する作品の一つ。

Step 2 解答　　　　　　　　　　p.46～p.47

1 (1)A―オ　B―ウ　C―カ　D―ア
　　(2)① 楽市・楽座
　　　② (フランシスコ゠)ザビエル　③ 明
　　(3)ウ・オ(順不同)　(4)イ・エ(順不同)
2 (1)ウ　(2)イエズス会
　　(3)[解答例]商工業の発展　(4)ア

7

1 (1) A. 織田信長について述べた文。信長は近江(滋賀県)に**安土城**を築いた。　B. ザビエルは鹿児島に上陸したあと，山口・堺・京都などを訪ねて布教した。その後，中国(明)に渡り，その地で死去した。　C. 日明貿易や南蛮貿易で栄えた港町は，堺(大阪府)である。堺は，裕福な商工業者が自治を行った**自治都市**としても知られる。　D. 聚楽第は，豊臣秀吉が京都に建てた邸宅で，ここに天皇を招くことで，大名に秀吉への忠誠を誓わせた。

(3) 桃山文化では，他に安土城や姫路城などの城郭建築，千利休によるわび茶(茶道)も覚えておきたい。

2 (3) 資料は，織田信長が出した**楽市・楽座令**である。その中の「安土の町は楽市とした」「必ず安土に寄って泊まるようにせよ」などに着目し，安土城下の経済発展が目的であることを読み取る。

(4) **ア**は南蛮船や南蛮人を迎えた港のようす，**イ**は江戸時代に貿易を行っていた長崎の出島のようすを描いたものである。

Step 3 ① 解答　　　　　　　p.48〜p.49

1 (1) 南蛮貿易　(2) ア
(3) [解答例]アジアで信者を増やすことで，ヨーロッパで勢力を伸ばしている**プロテスタント**に対抗するため。
2 (1) イ　(2) エ　(3) ア
3 [解答例]敵対する仏教勢力を弾圧し，**キリスト教**を保護した。
4 (1) 豊臣秀吉　(2) エ
(3) [解答例]検地帳には土地を実際に耕作する農民だけが記録されたため，公家や寺社は，持っていた土地の権利を失った。(50字)
(4) A—大名　B—豪華　C—壮大

1 (3) **プロテスタント**とは，ルターらが始めた**宗教改革**を支持し，カトリック教会から離れたキリスト教の宗派のこと。プロテスタントに対抗して，カトリック教会の内部でも改革が行われ，その中心となった**イエズス会**は，アジアなど世界各地への布教に力を入れた。

---

2 (3) 鉄砲が日本に伝来したのは1543年。**ア**は16世紀前半，**イ**は7世紀初め，**ウ**は13世紀初め，**エ**は19世紀後半のできごとである。

3 地図からは，石山本願寺や延暦寺などの仏教勢力と対立していることが読み取れる。また，資料からは，キリスト教を保護していることが読み取れる。

4 (3) **太閤検地**によって，公家や寺社などの荘園領主が持っていた土地の複雑な権利は否定され，一区画の土地の所有権は一人の耕作者(農民)だけに認められた。検地帳には，土地の等級・面積・石高のほか，耕作者の名前が記載された。

11 江戸幕府の成立と鎖国

Step 1 解答　　　　　　　p.50〜p.51

1 ❶ 関ヶ原　❷ 大阪　❸ 家光
❹ 島原・天草一揆(島原の乱)　❺ 出島
2 (1) 譜代大名　(2) 徳川家康　(3) 武家諸法度
(4) ウ
3 (1) 日本町(日本人町)　(2) 対馬藩　(3) 出島

1 ❷ 豊臣氏は大阪城にたてこもったが，大阪冬の陣，夏の陣で徳川家康に攻めほろぼされた。
❸ 第3代将軍徳川家光が**参勤交代**を制度化したことは重要事項なので，覚えておこう。
2 (1) 大名は，**親藩・譜代大名・外様大名**に分けられた。外様大名は東北・四国・九州などの辺境に置かれ，伊達氏・毛利氏・島津氏などがいた。
3 (1) **朱印船貿易**によって，東南アジアに行く日本人が増え，各地に日本町ができた。鎖国によって朱印船貿易が停止され，日本町もなくなった。
(2) 対馬藩(長崎県)の仲介で日本と朝鮮の国交が回復した。

Step 2 解答　　　　　　　p.52〜p.53

1 (1) [解答例]武家諸法度の制定([別解]参勤交代)
(2) ウ
2 (1) ア　(2) 老中　(3) 武家諸法度　(4) 徳川家光
3 (1) X—庄屋(名主)　Y—五人組
(2) 島原・天草一揆　(3) 踏絵
4 (1) オランダ　(2) イ

1 (2)「池田輝政は豊臣秀吉に仕えていたが，関ヶ原の戦いで徳川家康に従い」とあることから，外様大名であるとわかる。

2 (2) 大老は特別な場合に置かれる職で，通常は，将軍が任命した老中が幕府の最高職であった。

(3)(4) 武家諸法度は，第2代将軍秀忠のときに初めて出され，その後，将軍の代がわりごとに出された。家光のときに参勤交代が定められた。

4 (1) 江戸時代に長崎で貿易を許されていた国は，オランダと中国だけである。長崎の出島には，オランダ商館が置かれていた。

(2) 鎖国政策の下では，長崎でオランダ・中国と貿易を行っていた以外に，対馬藩が朝鮮と，松前藩がアイヌと，薩摩藩が琉球王国と，それぞれ貿易を行っていた。

12 江戸時代の産業・社会・文化

Step 1　解答	p.54～p.55

1 ❶ 備中ぐわ　❷ 千歯こき　❸ 唐箕
2 (1) 元禄文化　(2) 歌舞伎　(3) ア　(4) ウ
3 (1) イ
(2) 都道府県—石川県　都市—金沢市

1 ❶ 備中ぐわは刃が3～4本に分かれているため，従来のくわよりも深く耕すことが容易になった。
❸ 風をおこして，もみ殻をふき飛ばすしくみ。

2 (3) イの阿国とウの千利休は桃山文化，エの雪舟は室町文化（東山文化）で活躍した人物。
(4) ウの滝沢馬琴だけは，江戸時代後期の化政文化で活躍した人物。

3 (2) 九谷焼やまき絵などが発達したのは，加賀藩（石川県）である。

Step 2　解答	p.56～p.57

1 (1) 商品作物　(2) ウ　(3) 東海道　(4) ア
(5) [解答例]庶民の子どもに読み・書き・そろばんなどの実用的な知識を教えた。
2 (1) [解答例]全国から大量に運び込まれた各藩の年貢米や特産物が取り引きされたから。
(2) 江戸，京都（順不同）

3 (1) 徳川綱吉　(2) [解答例]（元禄小判に比べて，）質の良い小判を発行して，物価の上昇を抑えようとした。
4 (1) オ　(2) キ　(3) カ　(4) イ　(5) エ

1 (3) 五街道は徳川家康が整備を始めた。
(5) 藩士の子弟教育のためには，藩校が開かれた。

2 (1) 多くの藩が大阪に蔵屋敷を置き，年貢米や特産物を運びこんだ。

3 (1) 第5代将軍徳川綱吉の治世の後半が元禄時代である。なお，徳川綱吉は，極端な動物愛護である生類憐みの令を命じたことでも知られている。

(2) 資料から，元禄小判より正徳小判の方が，小判に含まれる金の割合が高いことがわかる。正徳小判を発行したのは，儒学者の新井白石である。白石は，貨幣の質（価値）をよくすることで，物価（ものの値段）を下げようとした。

4 アの関孝和は和算の大成者である。

13 幕府政治の改革と行きづまり

Step 1　解答	p.58～p.59

1 ❶ 徳川吉宗　❷ 天明　❸ 異国船（外国船）
❹ 大塩
2 (1) シーボルト　(2) オランダ　(3) 伊能忠敬
(4) 杉田玄白
3 (1) 打ちこわし　(2) ウ

1 ❶ 徳川吉宗は，御三家の一つである紀伊藩主から将軍になった。米価安定に努めたことから，「米将軍」とよばれた。
❹ 大塩平八郎は以前，大阪町奉行所の与力（役人）であった。元幕府役人がおこした反乱であったことが，幕府に衝撃を与えた。

2 (1) シーボルトは，オランダ商館の医師として来日した。長崎に鳴滝塾を開いて蘭学の発展に力を尽くしたが，帰国の際，日本地図を持ち出そうとしたことが発覚し，国外追放になった。
(4) 杉田玄白と前野良沢は，『ターヘル・アナトミア』というオランダ語の医学書を翻訳して，『解体新書』というタイトルで発行した。

3 (1) 江戸時代の半ば以降は，ききんなどがおこると，都市に住む生活の苦しくなった人たちが，たびたび**打ちこわし**をおこすようになった。

Step 2　解答　　　　　　　　p.60～p.61

1 (1) **ウ**
　(2) [解答例]ききんによって減った年貢収納高(しゅうのう)を増やすことができるから。
2 (1) [解答例]アヘン戦争で清(しん)がイギリスに敗れたこと。　(2) 雄藩(ゆうはん)
3 (1) A―イ　B―エ　C―ウ　D―ア
　(2) ア
4 (1) 浮世絵(うきよえ)　(2) エ

解説

1 (1) 幕府領における米の収穫高(石高)(こくだか)に影響(えいきょう)を与える政策はどれかを考える。
　(2) 幕府の主な収入源は農村から納められる年貢米であったことを踏まえて，解答をまとめる。財政が悪化した原因としては，寛政(かんせい)の改革の前におきた天明のききんがあった。
2 (1) 資料1は異国船打払令。資料2は，異国船打払令を緩めた天保(てんぽう)の薪水給与令(しんすいきゅうよれい)で，清(しん)が敗れた**アヘン戦争**の結果を受けて出された。
3 (2) 青木昆陽(あおきこんよう)は，享保(きょうほう)の改革を行った徳川吉宗の勧めで蘭学を学び，かんしょ(サツマイモ)の栽培法を研究して書物(『甘藷記』(かんしょき))に著した。
4 (2) 化政(かせい)文化は江戸時代後期に栄えた文化。**ア**は16世紀半ば以降，**イ**は安土(あづち)・桃山(ももやま)時代，**ウ**は江戸時代初めのようすである。

☑ 用語チェック ▶ 蘭学(らんがく)

オランダ語を通じて学ぶヨーロッパの学問。8代将軍吉宗が実学を奨励(しょうれい)したことで発展した。幕末には洋学とよばれるようになった。

Step 3 ②　解答　　　　　　　p.62～p.63

1 (1) a―オ　b―エ　(2) X―ウ　Y―オ
　(3) イ　(4) エ
2 (1) [解答例]小判の金(か)の含有量(がんゆう)を減らしたことで，差額の利益が得られたため。
　(2) [解答例]農村に貨幣経済が広がり，生活水準が高まるなかで，寺子屋で読み・書き・そろばんを学ぶようになった。
3 (1) 琉球王国(りゅうきゅう)　(2) アイヌ
　(3) [解答例]海外の情報を得るため。

解説

1 (1) **イ**は朝廷(ちょうてい)・公家(くげ)に対する統制令(とうせいれい)，**ウ**は裁判の基準となる法律である。
2 (1) 資料1からは，1600年発行の小判に比べて，1695年発行の小判の金含有量が減っていることがわかる。金含有量が減った分だけ，資料2中の「差額の利益」が幕府(ばくふ)にもたらされたと考えられる。
　(2) 資料3からは，農村にも貨幣が普及(ふきゅう)してきたことが読み取れる。資料4は寺子屋で子どもたちが読み・書き・そろばんを学んでいるようすである。これらの資料から，農村の人たちの生活水準はどうなったかを考えて，解答をまとめる。
3 (1) 琉球王国(りゅうきゅう)は薩摩藩(さつまはん)に征服(せいふく)されたが，幕府は異国(みん)と見なしたため，独立国として中国(明(みん)，清(しん))と朝貢(ちょうこう)関係を結び，貿易も続けた。

第4章 近代日本の歩みと世界

14 欧米の発展とアジア進出

Step 1　解答　　　　　　　　p.64～p.65

1 ❶ 名誉(めいよ)　❷ フランス　❸ アヘン　❹ 南北
2 (1) 独立戦争　(2) ウ
　(3) B―独立宣言　C―人権宣言
　(4) ナポレオン
3 ① 産業革命　② アヘン戦争

解説

1 ❶ 清教徒(せいきょうと)(ピューリタン)革命では国王が処刑されたが，**名誉革命**では混乱が少なく，血も流れなかったことからこの名がついた。
　❹ アメリカ合衆国内では奴隷(どれい)制度反対派の北部，

10

賛成派の南部が対立していた。1861年に北部出身の**リンカン**大統領の当選をきっかけに南部が合衆国から離脱し，1865年まで**南北戦争**が行われた（北部の勝利）。リンカンは1862年に奴隷解放宣言を発したが，黒人差別は根強く残ることとなった。なお，リンカンは南北戦争後すぐに暗殺されている。

3 イギリスでは18世紀後半から，蒸気機関で動く機械を使って，工場で綿織物を大量に生産するようになった。軍艦(ぐんかん)も蒸気機関を動力として航行するようになった。蒸気機関は産業革命での主要な動力となった。

Step 2 解答　　　　　p.66〜p.67

1 (1) 清教徒（ピューリタン）　(2) 権利章典
(3) 独立　(4) ロック　(5) イ
(6) ④ 茶　⑤ 銀　⑥ インド　(7) ア
2 (1) 蒸気機関　(2) ウ・エ(順不同)
(3) イ・エ(順不同)

解説

1 (4) **ロック**はイギリスの啓蒙(けいもう)思想家。政府は人間の自然権を守るために契約(けいやく)によって成立したのだから，政府が圧政を行えば，国民には政府を倒す権利があるという抵抗権(ていこうけん)を説いた。ロックの思想は，**アメリカ独立戦争**や**フランス革命**に大きな影響(えいきょう)を与えた。
(5) 絵の中の石が税を表していることをおさえる。革命前は税を平民だけに押しつけていたが，革命後は僧(そう)・貴族・平民が平等に負担していることがわかる。
(6) アヘン戦争の原因となったイギリス・インド・中国(清)の三角貿易については，よく出題されるので，そのしくみを三角形の図で整理しておきたい。イギリスがどのようにして銀を獲得(かくとく)したかをおさえる。
2 (2) **ア・オ**は産業革命以前のことである。**イ**は，重工業と軽工業の順序が逆である。
(3) 産業革命に成功したヨーロッパ諸国は，大量に生産される工業製品の市場(輸出先)と，製品の原料の供給地(輸入先)を求めて，アジアに進出した。

---

15 開国と江戸幕府の滅亡

Step 1 解答　　　　　p.68〜p.69

1 ① ペリー　② 日米和親(にちべい)　③ 日米修好通商
④ 井伊直弼(いいなおすけ)　⑤ 長州藩(ちょうしゅうはん)　⑥ 坂本龍馬(さかもとりょうま)
⑦ 大政奉還(たいせいほうかん)　⑧ 戊辰戦争(ぼしん)
2 (1) 異国船(外国船)打払令　(2) 日米和親条約
(3) 日米修好通商条約　(4) ウ
(5) 尊王攘夷運動(そんのうじょうい)
(6) 関税自主権がない，領事裁判権(治外法権)を認めている
3 イ→ウ→エ→ア

解説

1 ④ 安政(あんせい)の大獄(たいごく)で尊王攘夷運動にかかわる100人余りを処罰した大老井伊直弼(いいなおすけ)は，桜田門外の変で水(みと)戸藩の浪士(ろうし)らに暗殺された。
⑤ 1863年に長州藩(ちょうしゅう)が下関(しものせき)で外国船を砲撃(ほうげき)した報復として，翌年，欧米(おうべい)諸国に下関砲台を占領された。この事件をきっかけとして，長州藩は欧米諸国の軍事力の高さを知り，以後は薩摩藩と協力して倒幕運動を進めた。
2 (6) **領事裁判権**とは，日本で法を犯した外国人はその外国の領事が裁くことができる権利のこと。
3 **ア**は1867年，**イ**は1842年，**ウ**は1858年，**エ**は1863〜64年。開国→尊王攘夷運動→倒幕運動→江戸幕府の滅亡→戊辰戦争という流れをよく理解しておこう。

Step 2 解答　　　　　p.70〜p.71

1 (1) ウ　(2) 大政奉還(たいせいほうかん)　(3) 王政復古の大号令(おうせいふっこ)(だいごうれい)
(4) 戊辰戦争(ぼしん)
2 (1) アヘン戦争　(2) ウ・オ(順不同)　(3) オ
3 (1) ウ　(2) [解答例]長州藩は欧米諸国に攻撃され，攘夷(じょうい)は不可能だとさとったから。
(3) ウ→エ→イ→ア
4 ア

解説

1 (1) 坂本龍馬(さかもとりょうま)は土佐藩(とさ)の下級藩士(はんし)だったが脱藩(だっぱん)し，のちに薩長同盟の仲立ちをした。
2 (2) 日米和親条約と同じような内容の条約を，日本はイギリス・フランス・ロシア・オランダとも結んだ。

3 (2) 資料は，長州藩の下関砲台が欧米4か国の艦隊に占領されたときのようすである。この事件をきっかけに，長州藩は強力な軍事力を持つ欧米諸国に対抗することは難しいと考えるようになった。

(3) アは1868年，イは1866年，ウは1860年，エは1863年。薩摩藩がイギリスとの戦いで大きな被害を受けたこと(エ)が，尊王攘夷運動(ウ)から倒幕運動(イ)への転換点になったことを理解しておく。

4 グラフからは，日米修好通商条約の締結以降，輸出額が輸入額よりも大きく伸びていることがわかる。このことから，国内で日用品などが不足したことが考えられる。また，金の国外流出を防ぐために，幕府が改鋳によって貨幣の質を落としたことも，物価上昇の原因となった。

Step 3 ① 解答	p.72〜p.73

1 (1) 西郷隆盛(大久保利通)　(2) エ
(3) [解答例]将軍が朝廷に政権を返上すること。
(4) 徳川慶喜
2 (1) B　(2) ア　(3) イ
3 (1) 産業革命　(2) X―資本家　Y―労働者
(3) ア
(4) [解答例]インドでアヘンを生産させ，清に輸出した。(20字)

解説

2 (1) 幕末に開港した5港のうち，最大の貿易港は横浜であり，最大の貿易相手国はイギリスであった。アメリカは当時，南北戦争の影響で，日本との貿易額は少なかった。

(2) 日本が欧米諸国と通商条約を結んで貿易を始めたのは1859年。イギリスの支配に抵抗してインド大反乱がおこったのは1857〜59年である。イのブロック経済は1930年代，ウのアメリカ独立宣言は1776年，エのロシア革命は1917年。

(3) アの太平天国の乱とウの世界初の万国博覧会はともに1851年，イのフランス革命は1789年。

3 (3) ア　16世紀に新大陸を植民地にしたのは，ポルトガルではなくスペインである(ブラジルをのぞく)。

(4) イギリスの綿織物をインドへ，インド産のアヘンを清へ，清の茶をイギリスへ運ぶという三角

貿易のしくみを理解しておく。イギリスはこの三角貿易によって，銀が本国に入ってくるようにした。

16 明治維新

Step 1 解答	p.74〜p.75

1 ① 五箇条の御誓文　② 岩倉使節団
③ 徴兵　④ 樺太・千島交換
⑤ 日朝修好条規
2 (1) イ　(2) 学制　(3) 3％
3 (1) a―北海道　b―屯田兵　(2) 樺太
(3) 福沢諭吉

解説

1 ② 岩倉使節団は当初，不平等条約の改正交渉を目的として派遣されたが，それが困難とわかると，欧米諸国の政治や産業のようすを視察することに重点を移した。岩倉具視，大久保利通，木戸孝允，伊藤博文ら政府の要人を中心に構成された使節団は，2年近くにわたって視察を続けた。

④ 樺太をロシア領，千島列島を日本領にすることを取り決めた条約。

⑤ 朝鮮にとっては，日本が幕末に結んだ条約と同じような不平等な内容の条約であった。

2 (1)「新しい政治の基本方針」とは，五箇条の御誓文のことである。それには，世論をたいせつにして政治を進めること(公議世論の尊重)，外国との交流を通じて国を発展させること(開国和親)などが示されていた。アは十七条の憲法，ウは大日本帝国憲法，エは日本国憲法の条文である。

(3) 地租は当初地価の3％に定められたが，全国で地租改正反対の一揆がおこったため，1877年に地価の2.5％に引き下げられた。

3 (1) 北海道の開拓にあたった屯田兵は，初めは生活の苦しくなった東北地方の士族が中心であったが，のちに日本各地の平民にも広がった。

Step 2 解答	p.76〜p.77

1 (1) オ　(2) エ　(3) イ　(4) ア　(5) キ
2 (1) 五箇条の御誓文　(2) ウ　(3) エ　(4) エ
3 (1) エ　(2) エ
(3) [解答例]男子に兵役を義務づけた。

解説

1 (1) 四民平等によって，それまで武士の特権であった帯刀などの権利が奪われ，士族たちの不満が高まっていった。

(4) 殖産興業政策では，富岡製糸場などの官営模範工場をつくって，近代産業を育成した。

2 (2) この使節団は岩倉使節団ともよばれた。なお，西郷隆盛は使節団には参加せず，国内の政治にあたった。

(3) 岩倉使節団に同行した津田梅子は，のちに女子英学塾(現在の津田塾大学)を創設した。

3 (2) エ 1905年には，女子の就学率はまだ男子の就学率に追いついていない。

(3) 兵役の義務は，1873年に出された徴兵令に定められていた。

---

17 立憲政治の始まりと日清・日露戦争

Step 1 解答	p.78～p.79

1 ❶ 自由民権 ❷ 大日本帝国 ❸ 日露
❹ 韓国
2 (1) ウ→ア→エ→イ　(2) Ｘ—陸奥宗光
Ｙ—領事裁判権(治外法権)
3 (1) ウ→エ→ア→イ　(2) ウ

解説

1 ❶ 議会を開いて，国民が政治に参加することを求める運動を自由民権運動という。その出発点になったのが，板垣退助らが政府に提出した民撰議院設立(の)建白書であった。

2 (1) ア は1871年，イ は1877年，ウ は1863年，エ は1876年。ウの薩英戦争は明治維新以前のできごと。西郷隆盛は，岩倉使節団の帰国後，政府内で朝鮮を武力で開国させようという征韓論の考えで敗れたため，政府を去り，鹿児島で西南戦争をおこした。一方，政府は武力を背景に不平等な日朝修好条規を朝鮮と結んだ。

3 (1) ア は1885年，イ は1890年，ウ は1874年，エ は1882年。自由民権運動の始まりから，第1回帝国議会の開催までの流れをよく理解しておきたい。

(2) 大日本帝国憲法の下では，天皇は陸海軍を統率・指揮する権限や外国と条約を結ぶ権限を持

つなど，国の元首としての地位に立っていた。ア・イ・エは，現在の日本国憲法の内容である。

Step 2 解答	p.80～p.81

1 (1) エ　(2) 五箇条の御誓文　(3) 西南戦争
(4) ウ　(5) 板垣退助　(6) Ａ　(7) ロシア
2 (1) ウ　(2) 欧化
(3) [解答例]不平等条約を改正して，欧米諸国と対等な関係を築こうとしたため。
3 (1) 下関条約　(2) エ　(3) ロシア

解説

1 (1) 大政奉還を行ったのは，江戸幕府最後の第15代将軍である。ウは第14代将軍。

(4) 日清戦争と日露戦争のきっかけ・背景になった事件は紛らわしいので，しっかり区別しておこう。日清戦争のきっかけは甲午農民戦争，日露戦争の背景には義和団事件。

(6) 不平等条約の改正は明治政府の悲願であった。領事裁判権(治外法権)が撤廃されたのは1894年，陸奥宗光外務大臣のとき，関税自主権が完全に回復したのは1911年，小村寿太郎外務大臣のときである。

(7) 東アジアにおけるロシアの南下を警戒したイギリスと日本は，対ロシアで利害が一致した。

2 (1) Ａにあてはまるのはア・ウ，Ｂにあてはまるのはイ・ウである。なお，Ｃにあてはまるのは，ウの伊藤博文1人だけである。

(2) 絵は，鹿鳴館に欧米の要人を招いて行われた舞踏会のようすである。このような欧化政策によって不平等条約の改正を実現しようとしたが，成功しなかった。

3 (2) ア は1905年の第二次日韓協約(乙巳条約)，イ は1915年の二十一か条の要求，ウ は1905年のポーツマス条約の内容である。

---

18 近代の産業・社会・文化

Step 1 解答	p.82～p.83

1 ❶ 八幡製鉄所 ❷ 森鷗外 ❸ 黒田清輝
❹ 滝廉太郎
2 (1) ア　(2) イ　(3) 田中正造
3 (1) 八幡製鉄所　(2) ① 坪内逍遙
② 夏目漱石　③ 石川啄木　④ フェノロサ

解説

1 ❶ 八幡製鉄所は，日清戦争の賠償金の一部などを使ってつくられた。

2 (1)(2) 紡績業は，綿花を原料にして綿糸という製品を生産する工業で，1890年代に大きく発達し，生産量を増やした。資料を見て，原料である綿花の輸入割合が大きく，製品である輸入割合が小さいほうが1899年と考えられる。なお，製糸業は，まゆから生糸を生産する工業。

3 (2) ③ 石川啄木のように韓国併合を批判的に見た人は，日本国内では少数派であった。啄木はまた，幸徳秋水らが処刑された大逆事件にも強い関心を寄せた。

Step 2　解答	p.84〜p.85

1 (1)① イギリス　② ア　(2) A—生糸
　　B—アメリカ　(3) ウ　(4) 財閥
2 (1) 八幡製鉄所　(2)[解答例]この製鉄所は，日本の鉄鋼の生産高の大部分を占め，鉄鋼の自給率を高めた。　(3) 大逆事件
3 (1) 津田梅子　(2) 与謝野晶子
　　(3) 雑誌—ア　人物—b

解説

1 (2) 蚕の繭から取り出した糸のことを生糸という。代表的な産地は岡谷などの諏訪湖周辺。おもにアメリカに輸出され，20世紀初めには日本は世界最大の生糸輸出国になった。

2 (2) 表からは，八幡製鉄所の生産高が全国の生産高のどれくらいの割合を占めているか，また自給率にどのような影響をおよぼしているかを読み取る。

3 (3) 平塚らいてうは，女性解放のための雑誌『青鞜』発行に際して，「元始，女性は太陽であった」と書いた。

Step 3 ②　解答	p.86〜p.87

1 (1) ア　(2) イ　(3) ウ　(4) ア　(5) 伊藤博文
　　(6) イ　(7) ウ
2 (1)①[解答例]両国ともロシアの南下を警戒していたから。　② 関税自主権
　　(2) b→a→c　(3) ウ

解説

1 (1) 戊辰戦争の最後の戦いは，函館における五稜郭の戦いで，そのとき旧幕府軍を率いていたのは榎本武揚であった。

(2) イ　地租を納める義務があったのは，耕作者ではなく，土地の所有者である。

(3) 板垣退助や西郷隆盛が政府を去ったのは，征韓論を唱えて，それが政府に受け入れられなかったからである。

(5) 伊藤博文はヨーロッパに留学して憲法を学び，帰国後，大日本帝国憲法の草案を書き，初代内閣総理大臣にもなった。

(6) 大隈重信が結成した政党は立憲改進党である。

(7) アは25円以上ではなく15円以上，イは衆議院ではなく貴族院，エは一院制ではなく，衆議院・貴族院の二院制が正しい。

2 (1) ① イギリスは中国における利権をめぐってロシアと対立していた。一方，日本もロシアの満州や韓国への進出を警戒していた。

(2) aの三国干渉は下関条約締結後の1895年，bの甲午農民戦争は日清戦争直前の1894年，cのポーツマス条約は日露戦争の講和条約で1905年のことである。

(3) 石川啄木の短歌は，1910年の韓国併合直後によまれたものである。

第5章　2つの大戦と現代の日本と世界

19 第一次世界大戦と大正デモクラシー

Step 1　解答	p.88〜p.89

1 ❶ 第一次世界大戦　❷ 米騒動
　　❸ 五・四運動　❹ 普通選挙法
2 (1) A—オーストリア　B—ドイツ
　　C—イギリス　D—ロシア　(2) 国際連盟
3 (1) X—イギリス　Y—ガンディー
　　(2) 政党内閣　(3) ウ

解説

1 ❸ 朝鮮の三・一独立運動は日本の植民地支配に反対して，中国の五・四運動は二十一か条の要求に反対しておこった抗日運動である。

2 (1) ドイツ・オーストリア・イタリアからなる三国同盟と，イギリス・フランス・ロシアからなる

三国協商の対立関係をおさえておく。なお，日本は**日英同盟**を結んでいたことから，三国協商の側に立って第一次世界大戦に参戦した。

3 (1) インドはイギリスの植民地であった。第一次世界大戦後にインドの自治を認めるという約束をイギリスが守らなかったことから，**ガンディー**の非暴力・不服従の運動が始まった。

1 (1) エ　(2) 伊藤博文　(3) ベルサイユ条約
　(4) シベリア出兵　(5) 原敬　(6) ア

2 (1) ① ウ　② ア　(2) [解答例] 日本の輸出額が輸入額を大きく上回ったことから，経済が好況になった。
　(3) [解答例] 満25歳以上のすべての男子。
　(4) 全国水平社

解説

1 (1) Aの時期は，自由民権運動の時期に重なっていることに注意する。**ア**は1911年，**イ**は1901年，**ウ**は1872年のできごとである。
　(3) 第一次世界大戦の講和会議は，戦争が終わった翌年の1919年にパリで開かれた。そこで**ベルサイユ条約**が結ばれ，敗戦国ドイツに対し，すべての海外の植民地の放棄や領土縮小，巨額の賠償金が課された。
　(5) 立憲政友会の**原敬**が組織した内閣は，陸軍・海軍・外務の3大臣以外はすべて立憲政友会の党員からなる本格的な**政党内閣**であった。
　(6) ②と③の間の時期はほぼ**大正**時代に重なる。この時期には，ちゃぶ台を囲んでの食事や，パン・カレーライス・オムレツ・コロッケなどの洋食も広まった。都市にはデパートや野球場，映画館などもできた。**イ**は明治時代，**ウ・エ**は昭和時代の文化・社会のようすである。

2 (1) ①「ヨーロッパの火薬庫」とよばれたのはバルカン半島である。　② **ア**　海軍の主力艦保有量の制限を決めたのは，1921〜22年に開かれた**ワシントン会議**である。
　(2) 第一次世界大戦中に日本は，連合国やアメリカへの工業製品の輸出が大幅に増え，重化学工業を中心に工業生産額が大きく伸びた。第一次世界大戦中の好景気（好況）を**大戦景気**という。

20　世界恐慌と日本の中国侵略

1 ❶ 世界恐慌　❷ 五・一五　❸ ニューディール
　❹ ヒトラー　❺ 二・二六　❻ 国家総動員
2 (1) 満州国　(2) イ　(3) 柳条湖事件
　(4) リットン調査団
3 (1) A一日本　B一ドイツ　(2) ブロック経済
　(3) ソ連

解説

1 ❹ ヒトラー率いるナチスは，多くのユダヤ人を収容所に送り，虐殺した（ホロコースト）。
　❻ **国家総動員法**によって，政府は議会の承認なしに物や人を戦争遂行のために動員できるようになった。こうして戦時中の日本では，軍需品の生産が優先され，生活必需品の生産が制限されたため，物資が不足した。米は配給制になり，「欲しがりません勝つまでは」といった標語もつくられた。

2 (1)(2) 満州は中国の東北部。当時の中国では失われた権益を回復しようとする運動がさかんになっていた。旅順・大連や南満州鉄道を警備する関東軍は満州を中国から切り離して日本の権益を確保しようと，独断で軍事行動（満州事変）を起こし，翌年，満州国を成立させた。

3 (2) イギリスやフランスは植民地との経済関係を強め，それ以外の国に対しては関税を高くして閉め出す貿易政策をとった。

1 (1) D　(2) エ　(3) イ
2 (1) ① エ→イ→ウ→ア　② 国家総動員法
　③ X一中国国民党　Y一毛沢東　(2) 配給
3 (1) ソ連　(2) [解答例] 国際協調よりも，自国の経済回復を優先したから。

解説

1 (1) ワシントン会議が開かれた場所を選ぶ。
　(2) テネシー州はミシシッピ川の東部支流にあたる。
2 (1) **ア**は1936年，**イ**は1932年，**ウ**は1933年，**エ**は1930年のできごとである。ロンドン海軍軍縮条約締結に不満を持った軍部が政治への圧力を強めていった過程をおさえておきたい。

3 (1) ソ連は**五か年計画**によって，世界恐慌の影響を受けずに工業を飛躍的に発展させた。

(2) **ブロック経済**が国際協調を否定する面があることを，メモや資料から読み取りたい。

21　第二次世界大戦と日本の動き

Step 1　解答　　　　　　　　　　p.96〜p.97

1 ❶ ポーランド　❷ 大政翼賛会
❸ 日ソ中立　❹ ハワイ　❺ 沖縄
❻ ポツダム
2 (1) 大政翼賛会　(2) 中国共産党　(3) ウ
(4) Y→X→Z
3 (1) X—独ソ不可侵　Y—ポーランド
(2) イ→エ→ウ→ア

解説

1 日本は1940年に**日独伊三国同盟**，さらに翌41年4月，ソ連と**日ソ中立条約**を結んだ。そして41年12月，真珠湾の米軍基地を攻撃するとともにマレー半島にも上陸して，**太平洋戦争**に突入していった。

2 (4) ドイツは1939年8月にソ連と**独ソ不可侵条約**を結んだうえで，翌9月ポーランドに侵攻し，**第二次世界大戦**が始まった。1940年に入ると，ドイツはフランスのパリを占領するなど，いっきに領土を拡大した。ドイツの快進撃を見た日本は，同年，**日独伊三国同盟**を結んだ。

3 (2) **ア**は1945年，**イ**は1933年，**ウ**は1940年，**エ**は1937年のできごと。**満州事変**(1931年)→**国際連盟脱退**(1933年)→**日中戦争**(1937年〜)→**太平洋戦争**(1941〜45年)，という1930〜40年代の基本的な流れをおさえておきたい。

Step 2　解答　　　　　　　　　　p.98〜p.99

1 (1) ウ　(2) イ
(3) アメリカ・イギリス(順不同)　(4) イ
2 (1) [解答例]多くの成人男子が兵士として戦場に送られ，**労働力**が不足したから。
(2) まとめ—ア　資料—カ・ケ(順不同)
3 1番目—オ　3番目—エ

解説

1 (3) ドイツのポツダムで行われた会談には，アメリカ・イギリス・ソ連の首脳が参加し，その会談中にアメリカ・イギリス・中国(のちにソ連も参加)の名で**ポツダム宣言**が発表された。また，1945年2月にはクリミア半島のヤルタでも会談が行われており，そこで結ばれた秘密協定でソ連の対日参戦が決められていた。

2 (1) 資料2から，太平洋戦争中に兵士の数が急増していることがわかる。このことから，女子生徒が勤労動員に駆り出された理由を考える。

(2) **集団疎開(学童疎開)**は，都市への空襲の被害から逃れるために行われた。

3 **ア**は1941年8月，**イ**は1945年2月，**ウ**は1942年6月，**エ**は1941年12月，**オ**は1940年6月のできごと。**ア**の大西洋憲章は，独ソ戦争開始後の1941年8月にアメリカのルーズベルト大統領とイギリスのチャーチル首相が発表したもので，ファシズムと対決する連合国の立場を示した。

Step 3 ①　解答　　　　　　　　p.100〜p.101

1 (1) ア　(2) [解答例]ワシントン会議で主力艦の保有量を制限。(19字)
(3) Ⅰ—犬養毅　Ⅱ—議会　Ⅲ—大政翼賛会
2 (1) エ　(2) [解答例]政府が積極的に**公共事業**をおこし，**失業者**を減らす政策。(25字)
(3) ア
3 (1) ワイマール憲法　(2) エ　(3) イ→ア→ウ

解説

1 (3) 1932年の**五・一五事件**によって政党内閣の時代は終わり，軍人が首相になることが増えた。その後，1938年の**国家総動員法**によって，政府が議会の承認なしに人や物資を戦争のために動員できるようになり，1940年にはほとんどの政党が解散して，**大政翼賛会**にまとめられた。

2 (1) **エ**　自由民権運動は明治時代におこった議会の開設を求める運動で，大日本帝国憲法や帝国議会ができる前のことである。

(3) 文は，日本軍が1932年に建てた**満州国**のことを述べている。

3 (2) **日中戦争**のきっかけになった事件は**盧溝橋事件**。**ウ**の柳条湖事件は満州事変のきっかけになった事件である。

(3) **ア**は1944年7月，**イ**は1942年6月，**ウ**は1945年4月。**イ**のミッドウェー海戦の敗北で，戦況が日本に不利な方向に大きく転換した。

22 日本の民主化と世界の動き

Step 1 解答 p.102〜p.103

1 ① 中華人民共和国 ② 朝鮮
③ サンフランシスコ平和
④ アジア・アフリカ ⑤ 日ソ共同
2 (1) 財閥 (2) 農地改革
(3) サンフランシスコ平和条約 (4) 国際連合
3 (1) X—マッカーサー
Y—GHQ (連合国軍最高司令官総司令部)
(2) 教育基本法 (3) ウ→ア→イ

解説

1 ② ソ連の支援を受けた北朝鮮が、アメリカが支援する韓国に侵攻し、おこった戦争。この戦争中、日本はアメリカ軍に物資を売ることができ、経済が大きく回復した。これを**特需景気**という。
④ 1955年に**アジア・アフリカ会議**が開かれ、植民地支配への反対や平和共存などの平和十原則が宣言された。また、1960年はアフリカで17か国が独立したため、「アフリカの年」とよばれた。
⑤ 日ソ共同宣言は、サンフランシスコ平和条約に加わらなかったソ連と国交を回復した文書。**北方領土**問題が残ったため、平和条約を結ぶことはできなかった。しかし、これによって日本は**国際連合**に加盟することができた。
2 (3) 日本は1951年に48か国と**サンフランシスコ平和条約**を結んだ。それと同時に、アメリカとの間で**日米安全保障条約**を結び、アメリカ軍の日本駐留を認めた。
3 (2) 教育基本法では、義務教育9年制や男女共学などが定められた。
(3) **ア**は1955年、**イ**は1956年、**ウ**は1949年のできごと。

Step 2 解答 p.104〜p.105

1 (1) [解答例] 都市の食料が不足していたこと。
(2) [解答例] 農地改革によって自作農が増えた。
(16字)
(3) X—吉田 Y—イ (4) イ→ア→ウ→エ
2 (1) 25 (2) [解答例] 選挙権年齢が満20歳以上に引き下げられ、女性にも選挙権が与えられたから。
3 (1) ポーツマス—ア サンフランシスコ—イ
(2) インドネシア

解説

1 (1) 資料1は、わざわざ列車に乗って食料を買い出しに行くようす、資料2は国会議事堂前の野菜畑のようすである。これらから、農村から離れた都市で食料不足が深刻であったことがわかる。
(2) 資料3を見ると、1945年から1950年に借地割合が大きく下がっていることがわかる。この時期には、土地を持った農家（自作農）を増やすことを目的に**農地改革**が行われた。
2 (2) 1945年に改正された選挙法では、満20歳以上のすべての男女に選挙権が与えられた。
3 (1) ポーツマス条約で、日本は樺太の南半分を得た。サンフランシスコ平和条約で、日本は千島列島と南樺太を放棄した。**ウ**は樺太・千島交換条約、**エ**は日露和親条約で定められた領土である。
(2) **アジア・アフリカ会議**は、インドネシアのバンドンで開かれた。このことから**バンドン会議**ともよばれる。

23 日本の発展と国際社会

Step 1 解答 p.106〜p.107

1 ① 沖縄 ② 日中共同
③ 石油危機 (石油ショック) ④ ドイツ
⑤ ソ連
2 (1) エ→ウ→ア→イ (2) ウ
(3) 石油危機 (石油ショック)
3 (1) 高度経済成長 (2) ウ

解説

1 ① 沖縄は、日本がサンフランシスコ平和条約を結んで独立を回復したのちも、アメリカ軍の占領下に置かれていた。佐藤栄作内閣がアメリカと交渉を進め、1972年に沖縄は日本に復帰した。
② 1972年、中国との間で**日中共同声明**が出され、国交が正常化した。その後、1978年に**日中平和友好条約**が結ばれている。1965年には韓国との間で**日韓基本条約**が結ばれ、韓国政府を「朝鮮にある唯一の合法的な政府」と認めた。他方で北朝鮮とは今も国交がない。
④ 1989年に**冷戦**を象徴するベルリンの壁が開放され、翌年の1990年に東西ドイツが統一した。

☆23

2 (1) **ア**は1972年，**イ**は1989〜90年，**ウ**は1964年，**エ**は1950年のできごと。

3 (2) 1964年の東京オリンピックに合わせて，東海道新幹線が開通した。その後，日本経済は順調に成長を続け，1968年には国民総生産が資本主義国で第2位になったが，**ウ**の石油危機(1973年)で戦後初のマイナス成長を記録した。

Step 2 解答	p.108〜p.109

1 (1) **ウ**　(2) [解答例]町村から市に人口が移動したから。／町村が合併して市になったから。

2 (1) [解答例]沖縄はまだアメリカに占領されていて，日本の領土ではなかったから。
(2) 1972年　(3) **イ**

3 (1) ドイツ　(2) **イ→ウ→ア**

4 (1) **エ**　(2) EU(ヨーロッパ連合)

解説

1 (1) 1973年の石油危機で日本経済は戦後初のマイナス成長になった。それまでは年平均10％ほどの成長を続けていた。
(2) グラフ1は，市の人口が増えているのに対して，町村の人口が減っていることを示している。このことから，町村の人口減少の原因の一つは人口移動によるものであることを読み取る。グラフ2は，町村の数は減ったが，市の数はほとんど変わっていないことを示している。ここからは，町村の数がなぜ減ったのかを考える。

2 (2) 沖縄が日本に復帰した年に，このような証明書は不要になった。

3 (2) **ア**は1972年，**イ**は1956年，**ウ**は1964年のできごと。1956年に日ソ共同宣言が調印され，ソ連と国交を回復したことで，日本はソ連の支持を取り付けて国際連合に加盟した。

4 (1) ヤルタ会談は，第二次世界大戦末期の1945年2月にアメリカ・イギリス・ソ連の首脳がドイツの戦後処理などについて話し合った会談。

Step 3 ② 解答	p.110〜p.112

1 (1) 日米安全保障条約　(2) **エ**
(3) [解答例]常任理事国であるソ連が反対すると加盟できないから。

2 (1) [解答例]日本の政治から軍国主義を取り除き，民主化を進めること。　(2) **ウ**

3 (1) A—イギリス　B—アメリカ　C—日本
　　D—ソ連　E—ドイツ
(2) [解答例](アメリカが)大量の物資を日本で調達したから。　(3) **イ**

4 (1) **ア**　(2) **エ**

解説

1 (2) ②のできごとは，アメリカの水爆実験によって日本の漁船が放射性物質(死の灰)を浴び，乗員が亡くなった事件である。この事件をきっかけに原水爆禁止運動が高まった。**エ**は1955年に広島で開かれた。
(3) 安全保障理事会では，常任理事国に拒否権が認められ，常任理事国が1か国でも反対すると決議できないしくみになっている。

2 (1) 表1からは非軍事化の方針が，表2からは民主化の方針が読み取れる。
(2) Xの期間は高度経済成長期にあたり，経済は成長し，エネルギー供給も増えたが，その一方でさまざまな公害問題が発生した。1967年に公害対策基本法が制定され，1971年に環境庁が設置された。

3 (1) アメリカは第一次・第二次世界大戦ともに戦勝国であるが，国際連盟には参加しなかった。よってB国がアメリカ。イギリスは2つの大戦の戦勝国であり，かつ国際連盟にも加盟しているので，A国がイギリスとなる。ソ連は，ロシア革命のために第一次世界大戦からは離脱し，国際連盟発足時にも加盟していないが，第二次世界大戦の戦勝国である。よってD国がソ連とわかる。ドイツは両大戦ともに敗戦国で，国際連盟にも加盟していないので，E国がドイツである。日本は第一次世界大戦の戦勝国で，国際連盟にも加盟したが，第二次世界大戦では敗戦国なので，C国が日本とわかる。
(3) 資料2では，冷戦終結後に急激に増えている点に着目する。冷戦終結後には世界各地で地域紛争が増えたことを踏まえて考える。

4 (1) Iの時期(1955〜73年)は高度経済成長期。東海道新幹線の開通と東京オリンピックの開催は1964年のことで，高度経済成長を象徴するできごとであった。